教養として知っておきたい 二宮尊徳

日本的成功哲学の本質は何か

松沢成文
Matsuzawa Shigefumi

PHP新書

はじめに――今なぜ、二宮尊徳か

忘れ去られてしまった「二宮尊徳」

「一九世紀のはじめ、日本農業は、実に悲惨な状況にありました。二百年の長期にわたってつづいた泰平の世は、あらゆる階層を問わず人々の間に贅沢と散財の風をもたらしました。怠惰な心が生じ、その直接の被害を受けたのは耕地でありました。多くの地方で土地からあがる収入は三分の二に減りました。かつて実り豊かであった土地には、アザミとイバラがはびこりました。耕地として残された、わずかな土地でもって、課せられた税のすべてをまかなわなければなりません。どの村にもひどい荒廃が見られるようになりました。正直に働くことのわずらわしくなった人々は、身を持ち崩すようになりました。慈愛に富む大地に豊かな恵みを求めようとはしなくなりました。代わって、望みない生活を維持するため、相互にごまかしあい、だましあって、わずかの必需品をえようとしました。諸悪の根源はすべて道徳にありました。『自然』は、その恥ずべき子供たちには報酬を与えず、ありとあらゆる災害を引き起こして、地におよぼしました。そのとき、『自然』の法と精神を同じくする、一人の人物が生まれたのです」

長々と引用したのは、『代表的日本人』（岩波文庫）の二宮尊徳（にのみや　そんとく／たかのり）を紹介する冒頭の部分である。

ご存知の方も多いと思うが、『代表的日本人』とは、内村鑑三が日清戦争の時代に、日本史の各分野から五人の偉人を選び、世界に向かって「日本にはこんな人物がいる」と、日本国民が持つ長所を海外に知らしめることを願って著した書物（原版は英語）である。

そのなかで、西郷隆盛、上杉鷹山、中江藤樹、日蓮上人と並び、「農民聖者」として二宮尊徳が紹介されている。この五人の生きざまには、日本人の普遍的な価値が内蔵されているものと考えるが、二宮尊徳の描写は異彩を放っている。

それは、内村鑑三自らが、明治時代の初めに尊徳の高弟である富田高慶《たかよし》が著した『報徳記』を読み、礼賛を捧げた青年として、後世に知られていることからも理解できよう。内村は後に「真正の経済は道徳の基盤に立たなければならないということを、尊徳先生はその事業生涯で証明した」と称賛している。この『代表的日本人』こそ、尊徳を世界デビューさせた名著である。

だが、現代の日本人は、二宮尊徳という人物や彼の教えをどこまで知っているのだろうか。名前を聞いたことがあっても、彼の生きざまや実績、改革手法や思想哲学を理解している人は少ないのではないだろうか。

もしかしたら、二宮尊徳の通称である二宮金次郎（金治郎とも）という名前で知っている人もいるかもしれない。

戦前には二宮金次郎の物語は、修身（道徳）の教科書にも取り上げられ、全国の多くの学校に、薪を背負って歩きながら書物を読む二宮金次郎像が建てられた。

明治四四年には、「二宮金次郎」と題された、次のような文部省唱歌も発表されている。

二宮金次郎
一、
柴《しば》刈り縄ない草鞋《わらじ》をつくり、

親の手を助《す》け弟《おとと》を世話し、
兄弟仲よく孝行つくす、
手本は二宮金次郎。

二、
骨身を惜まず仕事をはげみ、
夜なべ済まして手習《てならい》読書、
せわしい中にも撓《たゆ》まず学ぶ、
手本は二宮金次郎。

三、
家業大事に費《ついえ》をはぶき、
少しの物をも粗末にせずに、
遂には身を立て人をもすくう、
手本は二宮金次郎。

（明治四四年〈一九一一年〉『尋常小学唱歌　第二学年用』）

戦前の教育を受けた年配者の方々にとっては、修身の教科書のモデルであった尊徳は、懐かしい思い出のなかにあるはずだ。なかには、この唱歌を今でも口ずさむことができる先輩もおられるだろう。

しかし戦後になると、二宮尊徳は教育から追放されてしまう。各地の学校にあった二宮金次郎像も、「本を読んで歩いたりしたら車にはねられる」「戦前教育の名残で、児童の教育方針にそぐわない」「子供が働く姿を勧められない」などといった理由で、老朽化《ろうきゅうか》もあいまって次々と姿を消していった。

今の若い人々はほとんど実像を知らず、名前すら知らない人も多い。多くの人は学ぶ機会もないまま、「古臭い」「価値がない」と決め込んでいる。その貴重な価値が忘れ去られようとしている。

私は、それが悔しくて残念でならない。

尊徳は「忘れ去られていい」人物などではない。むしろ、現代の日本人にも多くの「成功のヒント」を与えてくれる人物だ。

尊徳は自らの実践を通じて「至誠《しせい》」「勤労《きんろう》」「分度《ぶんど》」「推譲《すいじょう》」「積小為大《せきしょういだい》」「一円融合《いちえんゆうごう》」などの改革理念や思想哲学を生み出し、人々を導いてきた。これらの教えは、日本人の社会規範や道徳としての精神的価値の基盤になっているといっても過言ではない。尊徳ほど、独創的な考え方や創造的な生き方を通じて社会を変革した人はいない。

尊徳の生きざまや思想を学ぶことは、混迷を続ける世相のなか、私たちが日常の家庭や職場、地域社会で生きていくうえで、あるいは日本や国際社会にとっても、有益な指針を得ることになるはずである。

年少期の尊徳は、唱歌にあるように親兄弟を助ける優しくて我慢強い勤労少年で、成人した尊徳は、江戸末期に大活躍した農村復興や行財政再建の実践者であり、類《たぐ》い稀《まれ》な改革者でもあった。

冒頭で紹介したように、尊徳の時代の日本は天変地異と政情不安によって、幕藩体制にはころびが生じ、農村は全国的に疲弊《ひへい》していた。

尊徳は、このような農村を救済するため、強い信念と理想を掲げ、道徳と経済を両立させ、高い水準の改革運動を展開し、六〇〇を上回る農村の再生を果たした。生家を再興したノウハウを活かし、現地現場主義によって生産能力が阻害されている原因を探り出し、それを是正することで潜在していた高度な生産能力を呼び覚ましたのだ。

尊徳がやったことは、経営学の祖・シュンペータやドラッカーのいうところの個々の事例に即した問題発見と問題解決の手法にほかならない。江戸時代の後期という時代にすでに、現代経営学が編み出した手法を実践していたのだから、尊徳は時代のはるか先を行っている人物だったといえよう。

しかも、尊徳の思想や業績は、明治維新後も多くの門下生により伝承されたのである。

「報徳思想・報徳仕法」の六つのキーワード

二宮尊徳論に入る前に、尊徳が実践のなかから編み出した改革手法である報徳《ほうとく》思想・報徳仕法《しほう》の原理を簡単に紹介しておこう。すなわち先ほども挙げた「至誠」「勤労」「分度」「推譲」「積小為大」「一円融合」などである。

「至誠」とは、まごころを尽くすことである。「わが道は至誠と実行のみ」という尊徳の言葉にあるように、まごころを尽くして人生と向き合い、なすべきことと向き合うことは、尊徳の思想のベースといえよう。

「勤労」とは、何も考えずにただガムシャラに働くことではない。物事をよくよく観察し、認識し、それをもとに知恵を磨きつつ働くことである。こうして前向きに積極的に働けば、新しい価値を創造できる。その意味では報徳仕法にいう勤労は、知恵を育み自己を向上させる良き手立てでもある。

「分度」とは、自分の置かれた状況や立場をわきまえ、それにふさわしい生活を送ることである。尊徳の報徳仕法においては、この分度を立てることを最も重視する。分度を立てるとは、どの程度の生活をするか、それを決めることである。立てた分度のとおりに生活ができれば、倹約も達成されたことになる。

「推譲」とは、分度を守り、勤勉に働き、その結果として生じた果実を積み重ね、やがて生じる余剰を「家族や子孫のために蓄えたり（自譲）、他人や社会のために譲ったり（他譲）すること」によって「人間らしい幸福な社会が誕生する」という教えである。報徳思想、報徳仕法の神髄《しんずい》ともいえる教えであるといっても過言ではない。

「積小為大」とは、小さな努力、小さな蓄積の累積がやがては大きな収穫や発展に結びつくということである。逆にいえば、小事を大切にして努力継続しなければ、決して大事を成し遂げることはできないという教えである。

最後の「一円融合」とは、尊徳の世界観であり、報徳思想の到達点ともいえる。つまり、すべてのものは互いに働きあい、一体となって結果をもたらすという世界観である。たとえば一粒の種は、水、温度、土、日光、養分など、様々なものの徳が一つに融《と》けあって初めて花を咲かせ実を結ぶ。人間の社会も同じで、一円融合があるから幸福な社会が誕生すると説く。

後に紹介するが、「天道人道論」や「道徳経済一元論」も一円融合の哲学に繋《つな》がるものである。西欧流の分析哲学ではなく、東洋流の総合哲学といえよう。

それぞれについて第四章で詳述するが、これらの原理はすべて分かちがたく結びついている。至誠は根本的な心構え（生き方）を説き、一円融合は尊徳の世界観を説いている。

農村の復興・改革という報徳仕法の実践面は、勤労、分度、積小為大、そして、推譲から成っていると考えられる。つまり、まず分度を立て、その分度を守りつつ勤勉に働く。最初は小さな成果しか得られないかもしれないが、それを継続し、積み重ねれば大きな成果が生まれる。成果が生まれたら、いたずらに浪費するのではなくそれを家族や子孫、他人や社会のために役立てる。一言に集約すると「勤倹譲」（勤労、倹約、推譲）と表現されることになり、これらが報徳仕法の実践である。

二宮尊徳は江戸時代の封建社会にあって、農村改革や藩や武家の行財政改革を実践し、驚異的な行動力によって見事な成果をおさめた。その過程で彼が確立した報徳思想と報徳仕法は、時代を超えて普遍的な価値をもつと私は信じている。

現実に、二宮尊徳の教え――彼の改革理念や思想哲学は、尊徳の弟子たち、尊徳を師と仰ぐ財界人たち、尊徳を研究する学徒たちによって継承され、明治以後の日本の発展に大きく寄与してきたのである。

さらに、尊徳の改革理念や思想哲学は、日本のみならず中国やブラジルなど海外でも大いに共感を得ている。すでに報徳思想・報徳仕法は、世界に通用する普遍的な価値であり、文化的財産となっているのだ（それらのことについては、第八章で紹介する）。

本書では、二宮尊徳の実像と功績をわかりやすく読み解き、その真価に迫りたい。そして、尊徳の改革手法と思想哲学が明治以降どのように継承され日本の発展に寄与してきたか、さらに、私たち現代人がその貴重な文化的財産をどのように活かしてより良い社会を実現していくべきなのか、私なりに考察し、提言してみたいと思う。

それでは、偉大な人物の破天荒《はてんこう》な物語を始めよう。

教養として知っておきたい二宮尊徳

目次

はじめに――今なぜ、二宮尊徳か

忘れ去られてしまった「二宮尊徳」 3
「報徳思想・報徳仕法」の六つのキーワード 9

第一章 困苦のなかからつかんだ成功哲学の萌芽

酒匂川の堤防に二〇〇本の松を植えた〝土手坊主〟 22
父母の死、そして再び田畑を失って 26
不用の土地から一俵の収穫――見出した積小為大の理 29
「五本の薪を三本に減らすように工夫しなさい」 32
画期的な相互扶助金融制度としての「五常講」 36
世界に先駆けた信用組合、協同組合モデル 38
小田原藩内の「桝」を統一し、減税を実現する 42
困難を乗り越えて改革請負人の道へ 46

第二章 「心」の荒廃を変えねば再建はならない

三年間、尊徳を口説き続けた大久保忠真 52

まず徹底した現地調査からスタート　54
財政再建できないのは補助金を下付しているから　57
自立性・自発性を育てる融資制度　59
「芋こじ」で結束を高め、村落共同体を再構築する　60
尊徳流の積極的経営策　63
最悪の上役との対立と住民からの予期せぬ反発　66
成田山での断食修養から「一円融合」の哲学へ　69

第三章　各地に広がり受け継がれてゆく報徳仕法

桜町領の再建手法が各地へ普及　74
「この評議が決するまでは食事をなさるな!」　78
仕法の神髄、片岡村モデル　81
幕府の直参に取り立てられた尊徳　83
尊徳が一度も訪れずに成し遂げられた相馬藩改革　85
最後の力を投入した日光神領復興　92
北海道開拓に活かされた報徳仕法　95

第四章　報徳思想——二宮尊徳の成功哲学の神髄

「徳を以って徳に報いる」——報徳とは何か？　98
過去・現在・未来を貫く縦軸思考　103
「至誠」——わが道はもっぱら至誠と実行にある　105
「勤労」——知恵を働かせて新しい価値を生み出す　107
「分度」——贅沢には限りがないから予算の範囲を決めよ　109
「推譲」——湯ぶねの湯は向こうへ押せば、こちらへ帰る　112
「勤倹譲」——それぞれに結びつく至誠・勤労・分度・推譲　115
「積小為大」——耕すは一鍬ずつ、歩くは一歩ずつ　117
「心田開発」——意識改革による自立自助を促す　120
「天道人道論」——天道は自然、人道は作為　123
「道徳経済一元論」——経済なき道徳は戯言、道徳なき経済は罪悪　127
「一円融合」——対立を超えた融合こそが成果を生み出す　130

第五章　実践で培い、発揮した七つの力

会計学の先駆となる卓越した「数学力」　136

農業の生産性向上のために磨き上げた「技術力」 139
村民の心田開発を成し遂げる「教育力」 141
一家を廃して万家を救う「決断力」 144
わが道は至誠と実行のみと言い切る「実行力」 147
金融システムを構築・駆使する驚くべき「経営力」 150
資産を社会の美田として残した「人間力」 156
尊徳の培ったパワーは前代未聞の「破天荒力」 158

第六章　思想の系譜——尊徳の思想はいかに継承されたか

尊徳の思想はいかに作りあげられたか 162
大原幽学や石田梅岩との共通点と相違点 164
尊徳の後を継ぎし者たち 168
福沢諭吉と二宮尊徳、実学重視の啓蒙思想家 178
ギャレット・ドロッパーズ——尊徳と諭吉の結び目 181
戦後、二宮尊徳を称揚したGHQ高官 184
「二宮尊徳はアメリカのリンカーンにも比すべき人物である」 189
マーガレット・サッチャーと石橋湛山の尊徳評価 192

第七章　尊徳を師と仰いだ日本資本主義の立役者たち

国家のために報徳仕法を実施したい――日本資本主義の父・渋沢栄一　197
翁の教えで私は分限者になりえた――気骨あるバンカー・安田善次郎　201
報徳が世に普及すれば理想社会が実現する――砂糖王・鈴木藤三郎　204
『二宮翁夜話』を七回味読した――世界の真珠王・御木本幸吉　208
誠心を基礎として実行を先にする――豊田佐吉　210
楽観的に見れば心が躍動し知恵や才覚がわく――松下幸之助　213
尊徳先生の手法は科学的で経済の論理にかなう――土光敏夫　217
働くとは日々の精進を通じて心を磨くこと――稲盛和夫　221
経営者・実業家が尊徳を信奉する理由　224

第八章　現代に受け継がれ、世界に広がる報徳思想

「大日本報徳社」などの貴重な活動　230
産業組合法の成立と二宮神社の創建　233
文武両道の名門「報徳学園」と大谷翔平を生んだ「花巻東高校」　235
「ほうとくエネルギー株式会社」の挑戦　239

総勢一五〇名が参加して中国で開催された「尊徳思想学会」 241
「国際二宮尊徳思想学会」はいかに設立されたのか 246
「報徳思想は、中国のモラル崩壊を食い止めるために有効な薬」 248
ブラジルに渡った二宮金次郎像 254
「もしもドラッカーがもっと早く尊徳に出会っていたら」 259
グラミン銀行のマイクロクレジット 261
現代に生きる報徳思想 264

おわりに――報徳仕法とマニフェスト改革、そして歴史教育

私と尊徳の出会い 268
日本の歴史を学び、縦軸思考を身につける 273

二宮尊徳年表 279
参考文献一覧 283

二宮尊徳関係地図

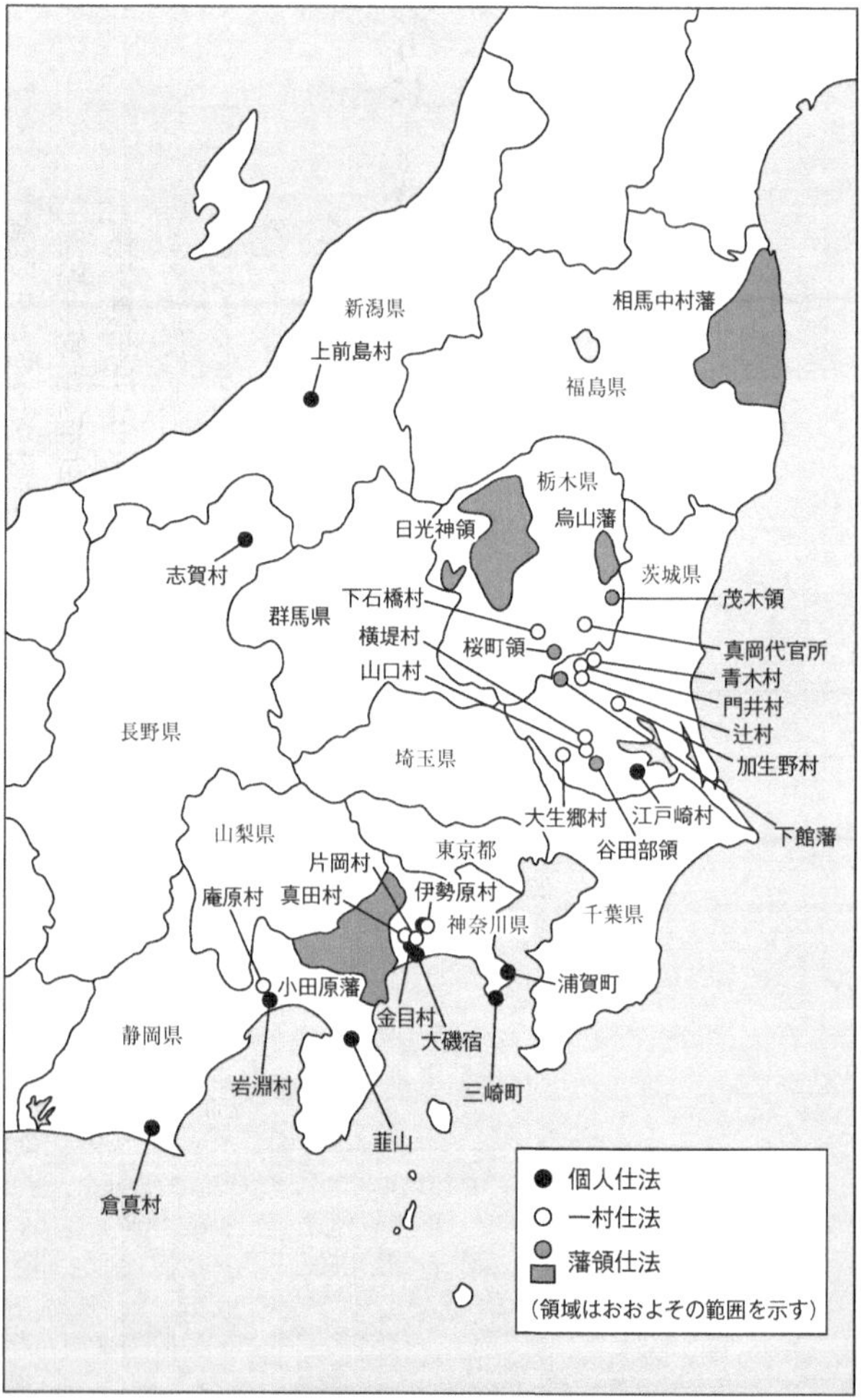

（小田原市尊徳記念館編集・発行『二宮金次郎の仕事』より）

第一章　困苦のなかからつかんだ成功哲学の萌芽

二宮尊徳の功績を後世に伝えるため、高弟筆頭の富田高慶が書き上げた『報徳記』（佐々井典比古訳注、報徳文庫刊）などから今日に伝わる尊徳の逸話を読み解いてみると、驚くべきことに、報徳仕法の原型は幼少期の頃からすでに顕著に見られる。それこそ、さすがに「二宮金次郎」として、長年親しまれてきただけのことはある。

第一章では、時計の針を一七〇〇年代末、尊徳が幼少期の頃まで戻し、仕法の原型が動き出す場面を見ていこう。皆さんが知っている尊徳の逸話にもきっと出合えるはずだ。

酒匂川の堤防に二〇〇本の松を植えた〝土手坊主〟

二宮尊徳（金次郎）は、天明七年（一七八七）七月二三日、相模《さがみ》国・栢山《かやま》村、現在の神奈川県小田原市栢山に生まれた。

尊徳の父は利右衛門といい、尊徳が一四歳の頃にこの世を去るが、間違いなく尊徳の基層を形づくった人物である。周囲からは「栢山の善人」というあだ名で呼ばれており、学問や風流事を好んだ趣味人でもあった。

学問好きであった父の手ほどきを受け、尊徳は幼い頃から読書好きであった。幸いなことに、この時代は木版本がずいぶん普及しており、安価で手に入る状況だったため、尊徳は

「往来物《おうらいもの》」や「仮名頭《かながしら》」「実語教《じつごきょう》」などの初歩的なテキストを早々と学び終え、一二歳頃には『論語』や『大学』に手を延ばしていたようだ。余暇を縫って、いや、余暇などなくとも、尊徳はそれらを読みふけった。

尊徳の基層を形づくった利右衛門ではあったが、学問や風流事に熱中するあまり、本業である農業経営の手を抜く傾向があったらしい。また、困っている人を見過ごしにできない性格で、乞われれば無利子で米や金を貸してやったという。貸した米や金の返済を請求できる人ならいいが、気が弱い富農の家のお坊ちゃんであり、油断が多く計画性の乏しい〝旦那《だんな》〟であった利右衛門は、それができない人であった。そのうえ、病弱でもあった。

そのため、尊徳の祖父が亡くなり利右衛門が二宮家の当主になって数年のうちに、祖父が築きあげた富農の家は、徐々に没落していく。

没落が決定的になったのは、寛政三年（一七九一）のことである。南関東を猛烈な暴風雨が襲い、酒匂川《さかわがわ》の堤防も決壊し、栢山一帯は濁流に呑み込まれた。二宮家の大半の田畑も表土が流出し、荒れ地になってしまった。

さすがの利右衛門も、この事態を放置して学問や風流事に遊ぶわけにはいかない。心身を酷使して田畑の復旧に努め、その甲斐《かい》があり、五年後には砂礫《されき》に埋もれた田畑のほとんどを回復することはできた。

だが、心身の酷使は、もともと病弱だった利右衛門の体を蝕《むしば》んでいった。病に倒れ、その後は病床に親しむようになってしまったのだ。薬代に金がかかるが、長男の尊徳ですらまだ一一歳なのだから、農業で薬代や日々の生活費を稼ぎ出すことはできず、せっかく復旧した田畑を切り売りせざるを得なくなってしまう。

年々困窮の度合いを深めていく二宮家であったが、実は尊徳の勤勉さはこの頃からすでに群を抜いていた。

尊徳が一二歳の頃には、父に替わって酒匂川の堤防普請に出ることが多かった。堤防普請は村の共同作業であり、各家から一人が労役に出る定めになっていたからである。父は病の床に伏せることが多くなり、労役に出るのもままならなくなっていたのだ。

とはいえ、一二歳程度の年少児であっては一人前の働きはできない。村人がそれを責めたわけではないが、心苦しく思った尊徳は一計を案じた。

「人は私が身内も少なく貧しいのを哀れんで、一人分の役に見なしてくれるが、自分はそれをよしとしてはいけない。ただ力の不足を嘆いてもしかたがないから、ほかの働きでこれを補わなければならない」

そこで、真夜中までわらじを作り、翌日の未明、真っ先にその工事場に行き人々に手渡した。人々はその並々ならぬ心がけを讃え、尊徳をかわいがり、そのわらじを受け取って力を貸した。また、尊徳は人夫たちが休んでも休まず、終日コツコツと働いた。その姿を見て、人々は大いに感心したそうだ。

ほかにも幼少期の尊徳の逸話は多く伝えられているが、「あだ名」とともに伝わっているものもある。

他家の子守に出て駄賃《だちん》をもらうようになると、その駄賃で売れ残りの松の苗木二〇〇本を買い酒匂川の堤防に植えた。

松が育ち根を張れば、堤防は丈夫になる。ひそかにやったことではあるが、自分が植えた松の生育具合が気になる尊徳は、暇があれば堤防を訪れ、松の生育具合を見て歩いた。その様子が面白かったため、村人は尊徳に「土手坊主」というあだ名を付けた。また、時間があれば土手に座り、川の流れを観察していたので、このあだ名がついたという説もある。いずれにせよ、この「土手坊主」が最初のあだ名であった。

二番目のあだ名は「キ印の金さん」である。山仕事の行き帰りに書物を歩き読みした様子を、「百姓とは思えない変な子」ということで、今なら差別用語になりかねない「キ印の金さん」というあだ名が付けられたのである。

このように、幼少期から尊徳の行動と思考は、当時としては極めてユニークで画期的であったことがうかがえる。

父母の死、そして再び田畑を失って

尊徳が一四歳になったとき、ついに長患いの利右衛門は亡くなってしまった。残されたのは、尊徳と母親のよし、三歳年下の弟である友吉（三郎左衛門）、一二歳年下の弟である富次郎である。幼い子供たちには十分な耕作もできない。医者への謝礼や葬式の費用などを賄うため、二宮家は田畑を切り売りしなければならなくなり、とうとう貧農に落ちぶれていった。

尊徳の母・よしは、相模国曽我別所村の川久保太兵衛の長女として生まれ、一八歳で二宮利右衛門と結婚した。利右衛門の早死の後、極貧のなか三児を懸命に養育したよしは、気立てが良く優しい人で、農村の女性には珍しく読書好きで学問ができた。そのＤＮＡは尊徳に受け継がれているようだ。

利右衛門の死後、母一人で三人の男子を養うのが困難なので、末子の富次郎を叔父の家に預けたが、よしは毎晩涙で枕を濡らした。尊徳が心配して尋ねたところ、よしは、涙を流した。

「富次郎を預けてから、乳が張って痛くて眠れないんだよ。そのうちこの苦しみもなくなるから、お前は心配しないでおくれ」

尊徳は、母の慈愛の深さを感じつつ、こう訴えた。

「赤ん坊一人あったからとて何ほどの苦労が増えましょう。私が富次郎を養います。連れ戻してください」

こうして一家は再び四人となった。よしを助けるため、尊徳は鶏鳴の頃に起きて遠くの山に出かけ、柴《しば》を刈ったり薪《たきぎ》を切ったりして、栢山から二里近くある小田原で売り歩いた。また、夜は縄をない、わらじを作り、わずかの時間も惜しんで働き、母親を安心させ、二人の弟を養うことにひたすら努力したのである。

薪採りの行き帰りに中国の古典『大学』を歩きながら声を上げて読んだという有名な逸話はこの頃に遡《さかのぼ》る。大声で読誦《どくしょう》したので、人々が怪しんだこともあったという。

尊徳は母と力を合わせて懸命に働いたが、それでも貧困から抜け出すことはできなかった。

享和二年（一八〇二）の三月には、曽我別所村のよしの実父が亡くなった。尊徳にとっては母方の祖父であり、それ自体辛いことではあったが、追い打ちをかけたのは二宮家の四人に対するよしの実家からの仕打ちであった。

曽我別所村に駆けつけたよしと三人の子供たちの服装があまりにもみすぼらしいのを見て、葬式に集まった親戚たちから、こう宣言されたのである。

「あんたたちは、葬式に出るのを遠慮してくれ」

よしの心は打ちのめされ、実父の葬式の直後、病の床に伏してしまった。そして四月、あっけなく亡くなってしまう。尊徳は一六歳にして、愛する両親を失い、一家を守らなければならない立場に立たされたのである。

尊徳は後年、門人に対して母の苦労話をするときには、涙を流すことが多かったという。

その時点で尊徳の手に残されたのは、わずか六反《たん》の田地であった（一反＝三〇〇坪〈約九九二平方メートル〉）。ただし、家の敷地は広く、その多くを畑にしていた。六反の田地と敷地内の畑があれば、なんとか二人の弟を養うことができる……。尊徳は見かねた親戚の手助けも受けて、なんとか田植えを済ませることができた。

しかしながら、この年六月、田植えが終わったばかりの二宮家の田畑が再び、決壊した酒匂川の濁流に呑まれてしまう。濁流が去った後には、砂礫に覆われた荒れ地だけが残っていた。享和二年という年は、二宮家にとって、まことに厄年であった。

不用の土地から一俵の収穫——見出した積小為大の理

こうして尊徳は孤児となり、伯父の万兵衛に養われる身となった。終日、万兵衛の家業を勤めてから、夜に入って寝ずに勉学に励んだ。これに対して、万兵衛は激怒したという。

「わしはお前を養うのに多分の費用を費やしている。そのことも思わずに、子供のお前の働きで灯油を費やすなど、恩知らずだ。学問をして何の役に立つか。早くやめろ」

決して万兵衛が強欲非道だったというわけではなく、普通の農民としての経験から学問そのものの必要性を認めていなかった万兵衛は、尊徳を勤勉な農民に育てようとしたのだろう。

尊徳は泣いて謝り、天を仰いでこう考えた。

「私は不幸にして父母を失い、子供の身で独立することができず、他人の家に養われてはいるが、読み書き学問を心がけなければ、父祖伝来の家を再興することも難しいだろう。私が自力で勉強すれば伯父の怒りに触れることもないはずだ」

そこで尊徳は、友人から五勺ばかりのわずかの菜種を借りて、荒れ地になったままの自分の土地や隣接する小川の堤にまいたところ、翌年の初夏には八升ほどの菜種が収穫できた。それを隣村の油屋に持って行き、燈明油と替え、その燈明油で夜間の読書をしたのである。勤勉であると同時に創意工夫に富んでいる。一六、七歳の少年とは思えないほどの計画性があった。

幸い、父に似ず頑健な身体を持っていた尊徳は、夜になれば縄をない、むしろを織った。夜が更けて人が寝静まってから、ひそかに灯をつけ、着物でそれを覆って外に光が漏れないようにして、書を読み、字を習い、鶏が鳴く頃まで続けた。昼は山に登って薪を切り、柴を刈り、幼少の頃から続けている書物の歩き読みをしながら行き帰りし、田畑に行って耕作除草をした。まさに、勤勉・勤労の手本となるような少年であった。

また、酒匂川堤防の普請の人夫に出て賃銀を得れば、名主のところに行ってこれを預けた。その額が一定に達すると、これを持って村内の寡婦や年取って身寄りのない貧困の人たちに少しずつ分け与え、自分のためには少しも使わず、苦労のなかの楽しみとしていた。

注目していただきたいのは、世のため人のため、できるかぎり尽くさなければならないという報徳仕法の推譲の精神が、幼い日の尊徳の心にすでに芽生えていたことである。

尊徳が一六歳のときには、洪水で用水堀が流失して、不用の土地になっているところがあった。休みの日にこれを開墾し、村民の捨て苗を拾い集めて植え付けておいたところ、幸いに一俵余の収穫を得ることができた。尊徳は喜んでこう考えた。

「およそ小を積んで大とするのは自然の道なのだ。この道によってやれば、親先祖の家を再興し、祖先の霊をなぐさめることは、きっとできる」

そこで、その一俵を種としてさらに栽培すると、何年か経って多大の額になった。このことがきっかけで、尊徳は万兵衛の元を離れ、単身生家に戻り、家業復興に取りかかることになるのだが、『報徳記』においては、このときに積小為大の理を発見したとしている。

結局、尊徳は一六歳から一八歳までの一年半を伯父の家の無給の厄介《やっかい》として過ごす。尊徳はこの期間を、自分を成長させるための修業の期間と考えていたのではないだろうか。世間に通用する年齢に達するまでの修業の期間だと……。

この時期、尊徳には「土手坊主」「キ印の金さん」に次ぐ第三のあだ名が付けられた。「ぐるり一遍《いっぺん》」というあだ名である。

雨や雪のために野良仕事ができない日には、尊徳は納屋で精米をした。当時は、足で杵《きね》を押しながら臼《うす》のまわりを回転して歩くという精米方式で、ただ歩くだけでは時間がもったいないと考えた尊徳は、臼の一角に「書見台」を置き、そこに書物を乗せ、ぐるりと臼を一周するたびに書物の一節を読み上げて勉強したのである。あまりにその光景が面白かったので、「ぐるり一遍」のあだ名が付けられたのであった。

このように、尊徳の少年期の逸話は数限りなくあるようだが、これらを私なりに解釈すると、尊徳は勤労というものが知恵を生み、価値を生むということを、小さい頃から体得していたのではないかと思う。当時の世の中では、農民が働くということは重い年貢に耐えるための苦役であった。ところが尊徳は、体験のなかから新しい発想に変えたのである。勤労は知恵を作り出す。こういう積極的な価値を見出したのではないかと推察できる。

また、尊徳は現場に行って観察することを重要視している。世の中をしっかりこの目で見て観察していくことによって、新しい発想につなげていく。非常に卓越した独創性と向上心を持った少年だった。

「五本の薪を三本に減らすように工夫しなさい」

伯父の家を出た尊徳は、文化八年(一八一一)、二五歳の春、小田原藩家老・服部家の用人(奉公人)から依頼があり、若党「林蔵」として住み込み奉公することとなった。主たる任務は長男・清太郎（後の十郎兵衛）をはじめ三人の子息の勉強相手で、藩儒・宇野権之進（西海）の屋敷に共に通い、夜は彼らの復習の際に助言指導をした。講義は障子の外から漏れ聞くことができたようだ。

宇野は当時、小田原随一の儒者で、これが一家独立早々の尊徳を奉公に踏み切らせた動機の一つであろう。事実、服部家に移った尊徳は、二朱（現在の約八万円）を投じて全一〇巻の『経典余師』を購入している。『経典余師』とは四書（大学、中庸、論語、孟子）の解説書であり、四書の勉学には欠かせない書物である。宇野の講義を意識しての購入としか考えられない。

こうして、服部家の息子たち付きの若党になることで、尊徳の学問は、独りよがりの独学であることから免れる機会を得たのである。

ところで、尊徳の時代の武家の財政は火の車であった。服部家も例外ではない。主家の財政が火の車なのだから、服部家に仕える上級・下級の奉公人たちの家計も厳しく、服部家の奉公人たちは、尊徳に借金を申し入れるようになった。尊徳はそれに応じた。もちろん、利子は取り、期日にはきちんと返済してもらう。

きちんと返済してもらう、というところが尊徳ならではの金融手法である。返済の催促が並外れてきつかったからではない。約束どおりに返済できるよう、借りた人の生活の歪みを正すファイナンシャルプランナーのような働きもしたのである。

たとえば、服部家の台所女中が尊徳に借金を申し込んだことがあった。すると尊徳は質した。

「いいですよ。でも、どのようにして返済するのですか」

「ちょうだいするお給金で返済します」

「返済に回すことのできるのは、お給金のなかのいかほどですか」

そう問うと、台所女中は恥ずかしそうに答えた。

「実は、実家が生活に困っており、お給金はかなり先の分まで前借りしています」

そうなると、お給金で返済するのは無理なうえ、融資も不可能ということになる。しかし、前借りは自分が浪費するためではなく、実家の親たちを援助するためらしい。この親孝行な娘のために、なんとかしてやりたい……。尊徳はしばし考え、やがていった。

「あなたの仕事を通じて返済なさい」

「仕事を通じて⁉」

「そう、あなたは毎日、台所で炊事をしていますね。だったら、これまで五本の薪でやっていた炊事を三本の薪でやるように工夫しなさい。残った二本の薪は私が買い上げてあげます。それで少しずつ返済していけばいい」

五本の薪を三本に減らす……。考えあぐねている台所女中に、尊徳はその方法も教えた。まず、台所で使っている鍋や釜の底に付いている炭をていねいに落とすことで熱の伝導が良くなり、少ない薪でも煮炊きが可能になる。

次に、カマドへの薪の並べ方を工夫し、薪が完全に燃焼できるようにすれば、最高の火力が得られるとともに、カマドのなかにはきれいな木炭が残る。最高の火力が得られれば薪の消費量は少なくなるし、木炭はお粥を煮るときなどに利用できる。

この台所女中は、尊徳のアドバイスに自分なりの工夫を加えて薪の消費量を減らすことに成功し、その累積で、ついには尊徳からの借金を返してしまった。もちろん、尊徳は、減らした分の薪はその台所女中の利得にしてもらいたいと服部家の用人（筆頭奉公人）に懇願し、その承諾を得ていたのだろう。用人もまた、尊徳から融資を受けていたのだから、懇願を拒むわけにはいかなかったのではないか。

これが尊徳流の倹約であり、勤勉であった。人の生活を暗く、憂鬱なものにする苛酷な倹約や勤勉ではない。知恵を働かせ、そのモノ（ここに紹介した台所女中の場合なら薪）の備える本質を最高に発揮させるのである。これが、「モノの徳を生かす」という発想になり、後の報徳思想に発展していく。

画期的な相互扶助金融制度としての「五常講」

尊徳の経済上の実力と手腕と信頼性は、服部家の用人、中間、女中たちの間に認められ、彼らに対し立替をしたり、給料を預かって利回しをすることが多くなった。若様の清太郎も四両二分を借りたことがある。堀之内村の倉蔵（尊徳の最初の妻・きのの兄）の場合は、収支一切を尊徳に預けて借財償還を頼んだ。このようにして取り扱った金が文政四年（一八二一）調べの「諸勘定口別控帳」によれば一七口座にも達する。

文化一一年（一八一四）、尊徳が二八歳の頃には、服部家中の中間若党、下男下女はもちろん、士分の者までも含む「五常講《ごじょうこう》」という組織ができあがった。人倫五常の道によって積立・貸借をし、「五常講真木手段金帳」という帳簿の名が示すように、薪の節約、鍋炭払い、夜遊びの中止など、工夫をこらし、連帯して生活を向上するよう、尊徳が指導したものであった。

「五常講貸金《かしきん》」は、簡単にいえばこの制度に加わった人々による相互扶助金融制度である。

五常とは、「仁」「義」「礼」「智」「信」という儒教が重んじる五つの徳目を意味する。

金に余裕のある人がこの「講」に貸し出し基金を寄せる。これが「仁」である。

この講から借りる人は約束を守って確実に返済する。これが「義」である。

借りた人は貸してくれた人（基金を寄せた人）に感謝する。これが「礼」である。

借りた人は確実かつ一日でも早く返済できるように努力工夫する。これが「智」である。

金の貸し借りには相互の信頼関係が欠かせない。これが「信」である。

これら五つの徳目を守る人たちだけによって構成される講が「五常講貸金」という相互扶助の金融制度にほかならない。

実は、講の結成の前は、資金はすべて尊徳の懐から出ていた。だが、尊徳からの融資で窮地を救われた人が、その恩返しとして、今度は自分が資金を提供しようとする。尊徳の主宰する金融業は貸し倒れがなく、確実に利息も入ることを経験的に知った人は、利殖の手段として資金を提供しようとする。

つまり、尊徳個人の金を皆に貸すのではなく、皆の金を皆に貸すという相互扶助金融制度に発展してきた。尊徳は、「五常」を守る人だけがメンバーになれるということを周知徹底させたうえで、服部家の内部に「五常講貸金」を開設し、最終的には一七人の奉公人がこの講に参加した。一三〇〇石の服部家には三〇名前後の奉公人がいたはずだから、過半数が参加したことになる。当時は、今日でいうリテール・バンキングと呼ばれる個人向けの小口金融業務を担う銀行などなかった時代だけに、極めて重宝な存在だったからであろう。

この講の開設により、一時的に金詰まりに陥った人は、そこから救われた。五常を徹底しているし、同じ服部家の奉公人間での講なのだから、返済のトラブルもほとんどなかった。それだけではない。「講」への出資をした人にとっては得がたい利殖の場になった。ある女中などは「講」に毎月の給金を預けて利子を稼ぎ、五年間に一五両もの大金を手にすることになったという。

世界に先駆けた信用組合、協同組合モデル

服部家の財政の再建に腐心していた頃、尊徳は藩が服部家に貸与した資金の一部を用い、「五常講貸金」を小田原藩に再現しようともした。もちろん、規模も異なるし、講の基金は藩が出しているという違いもあった。そこで、若干仕組みを修正し、「小田原藩五常講」として開設した。

一部制度修正はあったが、五常を重んじることと相互扶助という基本は外さなかった。た

だし、小田原藩五常講の相互扶助は、借りた人間同士の相互扶助であった。

たとえば、下級武士への貸し出し資金には三〇〇両を充てたが、一組一〇〇人が加入する三つの講を作らせ、その各々に一〇〇両ずつを割り当てた。つまり、一〇〇両を一〇〇人で運用するのである。服部家における講とは違って利息はなし。一人が借りられるのは一両が原則で、重複する場合には三両を限度とした。返済期限は一〇〇日以内である。

万一、返済が滞った場合の処置がいかにも相互扶助金融制度らしい。一組一〇〇人の名簿のなかの返済が滞った人の次に記載された一〇人が、一人七〇〇文を出し合って連帯返済をするのである。一〇人が七〇〇文ずつ出せば七〇〇〇文になり、これはほぼ焦げ付いた一両に相当する。

この連帯責任が果たされないかぎり、次の貸し付けは停止される。同じ組の仲間に迷惑はかけたくないから、借りた人は懸命に努力し、工夫して無事に返済しようと努める。それでも力が及ばなかった際は、連帯責任という相互扶助でカバーする。経済と道徳は両立されなければならないと考えていたであろう尊徳らしい発案であった。

この「小田原藩五常講」の開設によって、小田原藩の藩士はリテール・バンキングのような恩恵を受けることができるようになった。当時としてはありえないほどの貴重な恩恵であった。

五常講は、後に報徳思想を実践するために設置される「報徳社」の礎となっていく。

ここで注目していただきたいのは、五常講は今日の信用組合や協同組合と大変似た内容だということである。

協同組合といえば、農業協同組合（農協）や消費生活協同組合（生協）の姿を思い浮かべる人も多いと思う。

一八四四年、イギリスのマンチェスター近くで、ロッチデール公正先駆者組合（消費組合）の「ストア」が生まれた。これが生協のルーツといわれる。農協のそれはドイツで一八六二年にライファイゼンが設立した「救済貸付組合」（農村信用組合）といわれている。


〈協同組合発足の歴史〉

○五常講（信用組合）　一八二〇年
○小田原報徳社　一八四三年
○英・ロッチデール公正先駆者組合　一八四四年
○独・ライファイゼン救済貸付組合　一八六二年

○産業組合法制定　一九〇〇年
○農業協同組合法制定　一九四七年
○消費生活協同組合法制定　一九四九年

五常講は、ヨーロッパで生活協同組合、農業協同組合が設立されるより、二〇年も前に設立された信用組合である。つまり、尊徳は、世界で初めて信用金庫や協同組合の原型となるビジネスモデルを創りあげたといっても過言ではない。

その証拠に、明治の初期、ドイツに学んだ品川弥二郎と平田東助は、帰国後、内務大臣や法制局長官として、日本での協同組合の必要性を認識し、尊徳の高弟の一人である福住正兄《ふくずみまさえ》に五常講や報徳社の教えを請うている。そして、明治三三年（一九〇〇）、ライファイゼンの救済貸付組合と尊徳の五常講をモデルにした「産業組合法」ができあがった。

こうした事実を見ても、尊徳の実践の先進性が証明される。

ところで、このフリードリヒ・ヴィルヘルム・ライファイゼンは「ドイツ農村信用組合の父」と呼ばれており、明治以降は頻繁に尊徳との類似点が研究されてきた、ヨーロッパの尊徳ともいえる人物である。

ラグビーの「一人はみんなのために、みんなは一人のために」の精神は、もともとは古代ゲルマン人の古くからの言い伝えであり、アレクサンドル・デュマの『三銃士』においては友情を表すモットーとして使われていた。その後、協同組合運動においては、このライファイゼンが『信用組合論』第二版序文（一八七二）にそれを引用したことから、現在でも信用組合の精神として語り継がれている。

また、この「五常講」の仕組みは、バングラデシュのグラミン銀行でマイクロクレジット（無担保少額融資）と呼ばれる融資を展開してノーベル平和賞を受賞したムハマド・ユヌス氏の手法を先取りしているともいえる。このマイクロクレジットについては第八章で触れたい。

小田原藩内の「桝」を統一し、減税を実現する

この頃、尊徳の新しい知見を後押ししてくれる人物が現れた。小田原藩主の大久保忠真《ただざね》である。

実は、尊徳と忠真はすでに接触があった。尊徳が服部家の財政再建に取りかかった文政元年（一八一八）、忠真は京都所司代から老中に栄転した。小田原大久保家にとっては、ほぼ

七〇年ぶりの老中就任であった。

旧任地である京都から新任地の江戸に移る際、忠真は領地である小田原に立ち寄り、領内の感心なる者や、功績のある者たちと接見し、親しく表彰した。その表彰者一三人のなかに尊徳も含まれていたのである。

今に残る大久保忠真の懐中控（メモ帳）に、そのときの尊徳のことが、「耕作出精他見競」と記されている。熱心で模範的な農家という意味である。短期間のうちに生家を復興させた手腕が、表彰の対象となったのであった。尊徳が三二歳のときである。

表彰は酒匂川の河川敷で行なわれ、表彰状の文言は次のとおりである。

「かねがね農業に精出し心がけよろしき趣、相きこえ、もっとも人々次第はこれあり候《そうら》えども、良き儀にて、その身はもちろん、村のためにもなり。近ごろ惰弱《だじやく》なる風俗中、殊に奇特の儀につき、ほめ置く」

尊徳はそのなかで、「その身はもちろん、村のためにもなり」という言葉にいたく感激した。自分のためにと思ってやってきたことが、同時に村のために役立つ、と殿様は認めてくださったのだ。

「それなら、世のため人のため、と思ってやっても、自分のために役立つことになるのではないか――」

尊徳はこれを転機に、人生を「自分本位」から「他人本位」へと転換するよう努力することになる。これが、尊徳の説く「自他振替」「自他両全」の道、といわれているものである。

以後、忠真は江戸常勤となったが、領内のことは常に気にかけていた。

そこで文政三年（一八二〇）、領内に、「百姓のためになる改革案があったら申し出よ」という布告を出した。現代風にいえば「民政改革意見大募集」といったところだ。以前から小田原藩内の桝《ます》（米を計る升）が統一されていないことが気になっていた尊徳は、その改正案を上申した。

百姓が藩に年貢を納めるときに、俵に米がきちんと入っているかどうかは、藩の役人が検収する。ところが、その計量をするための「桝」が統一されていない。尊徳が調べてみると、一八種類もあった。これでは、百姓はたまったものではない。これには尊徳の父もずいぶん泣かされていた。そこで尊徳は「斗桝の統一」を提案したのである。

一俵を四斗一升と計算し、三回量って四斗一升となるよう設計したもので、尊徳の数学力と設計技術がいかんなく投入され、具現化したものである。これによって、「三回で一俵」と明確な計量が可能となり、桝の不統一で長年苦しんでいた農民にとって大きな救済となった。重要なポイントは、これまで、「もう一升、もう一升入れろ」と無理やり四斗二升、四斗三升取られていた年貢が、一俵四斗一升で確定したことになり、大きな減税効果を上げたということになる。

尊徳が考案したこの桝は、設計から技巧的であったことから、誰に製作させるかという話になり、尊徳は日本橋の桝の問屋まで出かけるのだが、面倒がって応じてくれない。そこで尊徳は、自らが見込んだ小田原の指物師に付きっきりで指導して、ようやく完成させた。物事を徹底的にやりぬく尊徳の姿がうかがわれる。

尊徳は、そうして作った桝の裏に「権量《けんりよう》を謹《つつし》み、法度《しやくど》を審《つまびら》かにすれば、四方の政《まつりごと》行なわれん」という『論語』の文言を書き入れて、殿様に差し出した。小田原藩が始まって二〇〇年、多くの藩士が『論語』を読んでいるが、実践面で法度を明らかにしてこなかった。そこで尊徳は、「桝の統一さえできずして四方の行政がどうして治まろう」というもう一つの提案を、殿様に行なったのではないかと、尊徳研究家である佐々井典比古は指摘している（佐々井典比古著『やさしい報徳シリーズ1』）。

困難を乗り越えて改革請負人の道へ

前述のとおり、服部家の奉公人たちの生活を立て直し、その経済改革の実力と手腕を高く評価された尊徳は、文化一二年（一八一五）、二九歳で服部家を去る際に、同家の希望により家政復興計画を立案し、「御家政取直趣法帳」を作って提出した。

これによれば、経費の節約その他により年々五九両の余剰を生じ、同年末一八四両に達した借財を返済することは容易であった。

しかし、この計画は参考とされたに留まり、実行に移されるには至らず、文化一四年（一八一七）には服部家の借財は二四六両にまで増加した。服部家は同年末、ついに正式に家政整理を尊徳に依頼した。尊徳はこれを承諾し、整理案を作成し、翌文政元年（一八一八）三月から正式に家政整理の任にあたった。

しかし、服部家の財政再建は決して容易なものではなかった。六年間で借金を完済する計画を立案したが、仕法が始まって二年後の文政三年（一八二〇）には計画とは逆に借金が増えてしまったのである。

これは、服部家の仕法がスタートした年に、小田原藩主の大久保忠真が幕府の老中に就任したことが主因となっている。老中には参勤交代がなく、在任中は江戸の常勤であるため、家老の服部十郎兵衛も江戸詰めとなり、小田原と江戸の二重生活によって経費が増大してしまったのだ。

だが、原因はそれだけではない。武家の財政再建には、いかに尊徳が努力しても効果の上がりにくい致命的な弱点があったからでもある。

財政再建の根本原理は、「入るを量って、出るを制す」であり、これは古今東西、変わらぬ真理であろう。

ところが、武家の収入は、毎年定額の俸禄だけである。江戸の下級直参などは内職にも励んだが、小田原にはろくな内職はない。あっても家老である服部家が手を出すわけにはいかず、報徳仕法のいう、勤勉によって「入るを量る」ことは不可能に近いのである。

ならば、「出るを制す」だが、これも難しい。武家には参勤交代や冠婚葬祭にはじまる義務的な出費が多いからである。せっかく分度を立てても、極めて守りにくい。当事者の気の緩みがあれば、さらに守りにくくなる。

つまり、武家社会とは、尊徳の仕法が通用しにくい社会なのである。事実、尊徳は完全な立て直しはできないままに服部家を離れることになり、その後も細々と尊徳の示した仕法を続けた服部家が借金を完済するには、さらに三〇年を待たなければならなかった。

だが私は、この経験は、尊徳にとって大いなる教訓になったと考える。

「真の意味での改革は、勤勉が功を奏し、分度が成り立つ場で行なわれなければならない。つまりは農村での実践ではないだろうか」

この頃の農村には、潜在的な生産能力があった。その生産能力を発揮することで利潤を獲得する能力もあった。荒れ果ててしまっている農村であっても、生産能力と利潤獲得能力は潜在している。勤勉という原理が功を奏しやすい場なのである。短期間のうちに栢山村の生家を復興させた尊徳は、それを熟知していた。

さらに農村は、武家と違って、身分的・社会的な義務的出費は少ない。したがって、分度が立てやすい。尊徳には、「これまでにつかんできた思想、仕法を適応すべきは農村だ」という確信が生まれたのではないだろうか。

江戸時代で最高の、いや、日本史上でも最高の農村改革者が誕生しようとしていた。服部家での苦労は、決して無駄ではなかったのである。

ちょうどその頃、忠真の耳に、服部家の財政再建の話や、「小田原藩五常講」の話が入ったようだ。

「二宮なる者、財政改革もできるようじゃな」

他の藩と同様に財政窮乏に悩む小田原藩の現状を気にしていた忠真は、かねて藩の財政改革を担うことのできる人材を求めていたが、家臣のなかにそうした人材は見当たらなかった。

「じゃ、二宮にやらせてみるか」

しかし、忠真が家臣たちに相談したところ、猛反対を受けてしまう。

「百姓風情にお家の財政を任せるなど、あっていいことではありません。絶対に反対でござる」

忠真は、尊徳の登用を諦めざるを得なかった。

「だったら……」と忠真は考えた。

「やや遠回りすることにはなるが、誰も反対できないだけの実績を二宮に積ませてやろう」

そこで文政四年（一八二一）、忠真は尊徳に対し、小田原藩大久保家の分家である旗本・宇津家の所領である下野の桜町領（現・栃木県真岡市）の復興改革を命じた。

いよいよ、改革請負人・二宮尊徳の本格的な活躍が始動する。

第二章　「心」の荒廃を変えねば再建はならない

三年間、尊徳を口説き続けた大久保忠真

小田原藩主の大久保忠真による二宮尊徳登用の経緯は、当時の小田原藩政という官僚組織の内情を理解するうえでも大変重要なので、再び『報徳記』から記述しよう。

すでに述べたように、忠真は、文政元年（一八一八）、老中となる。天下の執権職として国家社会に尽くす姿勢は、世間から高く評価されていた。忠真は在野に尊徳という逸材がいることを聞き、彼を登用して藩政を任せたいと考えて、家臣に意見を聞いた。

しかし、小田原藩には禄位の上下をもって区別する藩風があり、高禄の家臣は禄の低い家臣を召使いのように見なしていた。位のある家臣は愚か者でも人が敬い、才徳があっても身分がなければ誰もがこれを軽んじる、という悪習がはびこっていたのである。

藩士の間でさえこのとおりであるから、領民に対してはいうまでもない。

「君命ではありますが、士民を挙用して群臣の上に置き、国政を任せられますことは、時勢の許さぬところであります。たとえ二宮が賢者であっても、群臣が服しないときは、必ず国の災いを生じることを覚悟せねばなりません。殿には深くこれをご考慮ありますよう」

ほとんどの家臣は、このような意見だった。

忠真は、こうした指摘を無視することができなかったが、どうにか登用する道はないものかと考え続けた。

このように当時の人情は、禄位の上下にこだわり、賢者を貴く用いるしきたりがなかった。しかし、他人の功績は認めないわけにはいかないから、功労者に頭が上らないこともこれまた人情である。

「とすれば、諸人の力に及ばない事業、すなわち、桜町領の復興を二宮に命じたならば、彼は必ずその功を遂げるだろう。その功績をもって家臣の偏狭な心を除き、国政を任せたならば、誰が不平を発しえよう。事は迂遠のようではあるが、成功する道は必ずここにある」

忠真はそう考え、尊徳に使者を送ったが、尊徳は固辞した。

これに対し忠真は、ますます尊徳の賢明さを察して、礼を尽くして再三命令を下したのである。尊徳は三年間も固辞し続けたが、忠真は決して諦めなかった。とうとう尊徳は忠真の熱意に負けてこう答えた。

「私は数度のご下命にも応じませんでしたが、殿様はご下命を続けられることすでに三年、お断りのすべを知りません。やむをえなければ、桜町に行きまして、土地や人民の衰廃の根元と、再復が成るか成らぬかの道筋をよく見極め、その後に命令をお受けするかどうかを決めたいと存じます。今あらかじめご下命に従うことはできません」
もちろん、忠真は喜んで桜町領の土地検分を命じた。

まず徹底した現地調査からスタート

忠真から桜町領の立て直しを依頼されたとき、まず尊徳が行なったのは徹底した現地調査であった。依頼に応じる前に、何度も桜町領を訪れて調査し、また、年貢帳を過去に遡って分析し、実態を把握するよう努めた。その結果わかったことは、本来、桜町領（四〇〇〇石）の年貢高は四〇〇〇俵であるのに、直近の一〇年間の年貢の平均は、九六二俵に減ってしまっていることであった。

尊徳が最初の調査旅行に出立したのは文政四年（一八二一）だったが、その翌年の文政五年（一八二二）には、小田原藩と宇津家、尊徳の間に、

一、復興期間は一〇年間とする。
一、復興期間の年貢高は米が一〇〇五俵、畑方諸税が一四五両とする。
一、請負費用として年に米二〇〇俵、金五〇両を支給する。

一、一〇年後には、二〇〇〇俵の年貢が収納できるようにする。
一、復興の方法は尊徳に全面的に委任する。

などを骨子とした契約書、「村柄取り直し一〇カ年御仕切書」が取り交わされた。

これは、まさに具体的な数値目標や期限を備えた契約、つまり現代でいうマニフェストである。

この契約書の意味するところは、宇津家が一〇年間は一〇〇五俵プラス一四五両で生活するという分度を呑んだということである。だが、それだけではない。未来永劫にわたり、二〇〇〇俵で生活するという分度を呑ませたことにもなる。つまり、桜町領の百姓のために、年貢率の引き下げをやってのけたということを意味する。

これは実に偉大なことであった。この時代の百姓一揆において、年貢の引き下げを要請したものはほとんどなかったからである。ほぼすべてが、領主の側が強要する年貢の引き上げに反対するものであった。一揆も起こさずに年貢を引き下げてみせたところに、尊徳の凄みがある。これは、桜町領の百姓たちへの実に良い説得材料になる。

小田原藩や宇津家がこれだけの譲歩をしたのは、実は、これまで桜町領には毎年のように小田原藩が補助金や援助金をつぎ込み、また、立て直しのための人材もつぎ込み、そのたびに失敗してきたからであった。お手上げに近い状態になっていたのである。

また忠真としては、尊徳に実績を上げさせ、本命である小田原藩の改革にも取り組ませたいと考えたからである。老中としての立場から、できるなら全国各地にも尊徳の改革の波を及ばせたいと願っていたかもしれない。

だが、決定的な決め手になったのは、尊徳が緻密で丹念な現地調査を基に計画を提案したからであろう。忠真はともかく、直接的な当事者である宇津家の当主には、若干の抵抗やためらいはあったが、それでも承諾せざるをえなかったのは、まさに、尊徳の現地現場主義の勝利である。

こうして、桜町領の改革に全責任を負うことになった尊徳は、故郷・栢山村の財産を処分した。ただし、一部の田畑は小作地の形で残し、その管理を父方の伯父・万兵衛の本家の養子になっていた弟・友吉に委ねた。そして、文政六年（一八二三）三月一三日、財産を処分して得た現金を携え、妻のなみ（波）と二歳になっていた長男の弥太郎を連れ、第二の故郷となるであろう桜町領へと向かった。尊徳が三七歳の頃である。

財政再建できないのは補助金を下付しているから

尊徳が桜町領復興に乗り出すにあたり、大久保忠真が資金供与を申し出た際、尊徳はキッパリと断った。これが財政再建達成の大きなカギとなる。

尊徳は、桜町領へ行って事前調査した後、忠真にこう報告した。

「土地と民情を察して、再興の道を考えました。土地は貧弱で、民の怠惰も極度のものです。これを復興するには仁術をもってするしかありません。村民の長年深まった民俗を洗い流し、力を農業に尽くせば、再興の道がないわけではありません。しかし、仁政が行なわれなければ、たとえ年々四〇〇〇石の租税を免除しても、かの地の貧困を免れることはできません。殿様は、かの土地を再興するため、多額の財を下付されました。それゆえ、成功しなかったのです。以後は、一両もお下しになりませぬように」

これには忠真も驚き、こう問いただした。

「そちのいうことは至道じゃ。しかし、財を用いても成功しないものが、財を用いずしてどうしてできるか」

「殿様が財をお下しになるから役人、村人とも、財に心を奪われ、それぞれ利を争うようになり、復興の道を失い、人情を破り、事業も中廃するのです。かえって災いとなっています」

「実によい言葉じゃ。しかし、財なくして復興するとは、どういう方法か」

「荒地を開くのに荒地の力をもってし、衰貧を救うに、衰貧の力をもってするのです」

忠真は、荒地を起こすに荒地の力をもってするという意味が理解できなかった。そこで、尊徳は付け加えた。

「要は、荒地一反を開き、その収穫量が一石あるとします。五斗を食料とし、五斗を来年の開田料とし、年々繰り返せば、億万町歩の荒地でも開き尽くすことができましょう」

このような議論の後、先に紹介した忠真と尊徳の「御仕切書」へと続くわけである。

これこそが、尊徳の改革、すなわち報徳仕法の神髄である。開発事業を実行するのに、お上からの補助金は要らない。それは恵みではなく、むしろ害悪である。毎年補助金が出れば、人々は依存心ばかり大きくなり、自立心が育たない。自立心がなければ事業は絶対に成功しない。尊徳はこうした信念を「荒地は荒地の力をもって開く」と表現したのである。

現代でも、地域で開発事業を始める際に、市から補助金は出ないか、県からの支援はないか、と補助金ねだりをする人々が後を絶たない。尊徳流の改革が、今こそ求められているのではないだろうか。

自立性・自発性を育てる融資制度

しかしながら、どん底といってよいような経済状況まで落ち込んだ桜町領の立て直しは、心理的な復興策だけでは不可能であり、一定の新規投資も不可欠になる。

尊徳は、小田原藩が拠出する請負費用（殿様からの下賜金とは別種の金）と桜町領に携えてきた自己資金を、その新規投資の融資に充当した。

融資である以上、いずれは返済しなければならない。尊徳はそれを桜町領の人々に徹底させつつ融資した。もちろん、低利の融資であった。融資自体、桜町領の百姓たちの自立の呼び水になるものだが、尊徳には、さらに深い計算があった。

前述のように、大久保忠真からの改革依頼を引き受ける決意を固めたとき、尊徳は忠真に、今後は桜町領に一両たりとも下賜《かし》しないようと頼み込んでいる。

「金を使っても立て直しできなかったのに、金を使わないで立て直すことができるのか」

不審がる忠真に尊徳は、こう答えた。

「要は、金の性質でございます。これまでのように殿様からお金をいただくと、人はそれに慣れ、自分の手でなんとかしなければならないという自立の心をなくしてしまいます。結果的に勤勉の気力を失います。立て直しに資金が必要なのはいうまでもありませんが、それはご下賜であってはいけません。貸すのです。百姓たちは低利で借り、いずれは必ず返済する。その自覚と覚悟があって、初めて生きた金の使い方ができるのでございます」

「なるほど、人の心は複雑じゃのう。複雑で深い。よかろう、そちのいうとおりにしよう」

事実、これまで無償で下賜された援助金や補助費は、その場の苦境を糊塗《こと》する役には立ったが、桜町領の百姓たちが自分の力と知恵で動き出そうという自立精神の涵養《かんよう》には役立たなかった。

だが、貸し出された請負費用や尊徳個人の資金は、いずれは必ず返さなければならない。返すためにも、自立性・自発性を発揮して尊徳流の勤勉な日々を送らなければならない。尊徳の流儀である低利の金融制度は、百姓たちの自立を促す手段でもあった。

百姓たちをさらに発奮させたのは、一〇年間の復興期間中といえども、年貢納入に必要な収穫以上の成績が上がれば、その分は復興資金に使っていいという、尊徳と小田原藩や宇津家との契約の存在であったようだ。

「芋こじ」で結束を高め、村落共同体を再構築する

米づくりを柱に発展してきたわが国の農業は、本来的に村落共同体の存在を前提として成り立っている。道徳的な意味からではない。米づくりは手間のかかる農作業だからである。

まず、豊富な水（農業用水）が不可欠である。そのためには、たとえば、用水路を掘り、それを補修し、田畑に導かれる水を集落内のすべての田畑に効率良く配水するシステムの構築が必要になる。

また、田畑には堆肥《たいひ》が欠かせない。堆肥は、個々の百姓が所有する土地だけでは調達できない。集落の人々が共同使用する入会地《いりあいち》（里山）の存在が不可欠になる。もちろん、入会地は村人全員で手入れしなければならない。

さらに、田植えや稲刈りなどの農繁期には、村人の共同作業が欠かせない。元禄期（一六八八年〜一七〇四年）以降、わが国の農村では生産革命が進行し、高度に知的で労働集約的な農業が成立していた。この労働集約的な農業は、ありとあらゆる側面において共同作業を必要とする。

このように、村落共同体の存在はわが国の農業の大前提だったが、荒廃に荒廃を重ねてきた桜町領では、その村落共同体が崩壊していた。尊徳は、それを再構築しようとした。

そのために尊徳が重視したのは、「芋こじ」と名付けられた村の寄合いだった。

「芋こじ」というのは、そもそもは桶《おけ》に里芋《さといも》を入れ、棒をかき回すことをいう。これで土がとれ皮がはがれてきれいな芋になるように、話し合いを徹底することにより合意が得られることから、この名を付けたそうだ。

寄合いの場が桶である。こじ棒は、たとえば、表彰者を自分たちの選挙で選ぶことである。その〝桶〟と〝こじ棒〟で様々な不満やいさかいなどを洗い流し、共同体的な結束を固めていく。

表彰者を選ぶときだけでなく、請負費用（復興資金）を何に使うか、今回は誰に融資するべきか、すべて投票で決めた。後には、名主や組頭、百姓代という村方三役も投票で選んだ。こうした「芋こじ」により、桜町領では村落共同体が再構築され、生産力がさらに高まり、高まることで共同体的な結束がより強固になり……と、ここでも良い循環が生まれた。

何ごとを成し遂げるにも、まず本人のヤル気を起こさせることが始まりであり、それによって一人ひとりが自立できる基盤を育成することができる。これを「心田開発」という。

尊徳は「芋こじ」を繰り返すことによって、まじめに取り組んでいる農民を表彰し、怠惰な者に対しては心改めるよう指導した。人々の意識を変えることによって改革を進める「心田開発」こそ、報徳仕法の原動力なのである。

封建時代のなかにあって、このように尊徳は極めて独創的で民主的な手法で農民を指導していったのである。

尊徳流の積極的経営策

ご紹介してきたとおり、栢山村や小田原での尊徳の活動は、農民であり、サラリーマン（奉公人）であり、また、米や薪を売る商人でもあり、金融業者でもあった。その経験を活かし、尊徳は桜町領で、驚くほど積極果敢な攻めの経営を行なっている。桜町領内の目端《めはし》の利いた若者に命じ、米相場を張らせたのだ。

米相場は、収穫予想を読み間違えると、大損することもありうるが、尊徳も米相場担当の若者も、本質は百姓である。収穫予想の読み間違いはそれほどなかった。

事実、一〇年間の復興期間を終えた後、尊徳は五年間の第二次復興期間も請け負ったが、この第二次の復興期間中に全国規模の天保の飢饉《ききん》に遭遇する。

本来なら桜町領も大被害を受け、場合によっては餓死者も出したかもしれないところだが、被害は少なかった。それどころか、近隣地域のためのお救い小屋（炊き出し小屋）まで設けている。尊徳が飢饉の訪れを早めに予測し、寒害に強い稗《ひえ》を作付けさせるとともに、同じく早めに米を買い求めさせたからである。収穫状況を読む自信があったからこそ、米相場を張らせたのであろう。

もちろん、米相場担当の若者と尊徳は、各種の情報を収集し、打ち合わせを重ね、慎重に慎重に相場を張った。こうして育てた若者が、天保の飢饉の際には、事前に米を買い求める重要な役割を担ったであろうことは想像に難くない。

それにしても、復興期間中に米相場を張らせるという積極果敢な経営姿勢には度肝《どぎも》を抜かれる。二宮尊徳は、ただならぬ人物であることがおわかりいただけよう。

尊徳の積極的経営策は、まだまだほかにもある。

桜町領では逃散《ちょうさん》する百姓が多く、耕地の多くが荒れ地になってしまっていた。尊徳が桜町領に入った頃には、田んぼの三分の一が荒れ地になっていた。

当時の主要農産物は、なんといっても米で、実質的に貨幣と同じような機能もしていたため、復興事業の目玉は、米の増産ということになる。それなら、この荒れ地をなんとか復興して、さらに新田の開拓もしたい。そのためには農家の数、百姓の数を増やさなければならない。農家の次男や三男を分家、独立させ、以前に逃散した百姓たちを呼び戻したが、まだまだ足りない。

そこで尊徳は、さらなる積極策に打って出た。桜町領の外の他領に呼びかけ、移民を勧誘したのである。勧誘に応じた移民たちには住居や衣食を与え、元は田畑だった荒れ地を開墾させ、新田を開拓させた。初期の移民の一人などは、村きっての大百姓に成長した。

簡単に述べたが、これは、実は大問題である。田畑は、それを耕す人がいなければ意味がない。当たり前のことをいっているようだが、各地の領主（大名や旗本など）にとっては、自分のところの百姓を勧誘されるなど、とんでもない話なのである。勧誘した土地の領主と勧誘された土地の領主の争いにもなり、最終的には幕府に訴えての裁判沙汰にもなりかねない。血が流れることもありえる。尊徳は、この問題をどうクリアしたのだろうか。

私は、一向宗（浄土真宗）の教えを利用したのではないかと考えている。

これは私の推測だが、確信に近い。なぜなら、桜町領への移民は、一向宗門徒が多い越後や加賀などの北陸地方からが主体になっていたからである。

この頃、人口の調節のために胎児の堕胎《だたい》や、生まれたばかりの赤子の顔に濡らした薄紙をかぶせて窒息死させる間引きが普通に行なわれていた。

ただし、絶対に堕胎や間引きをしない人々もいた。一向宗の門徒である。一向宗がそのような行為を禁じていたからである。一向宗の門徒は自然と子沢山《こだくさん》になるが、すべての子供に分けてやる土地はない。領主も、一向宗門徒の子沢山には頭を抱えている。そこで、主として一向宗門徒に移民を呼びかける。これなら領主間の争いも回避できる。勧誘の方法も、門徒同士の連絡網を活用したのではないか。

そうであれば、尊徳の知恵の深いこと、発想の柔軟なことに驚かされる。

最悪の上役との対立と住民からの予期せぬ反発

古今東西、改革には痛みと苦しみが伴うのは世の常である。桜町領における尊徳の改革への道のりは、決して平坦な道ではなかった。

一部の農民たちとの間の感情的なもつれが、桜町領のしこりになりはじめたのである。それに加え、文政一〇年（一八二七）の末、最悪の人物が、尊徳の名目的な上司として赴任してきた。小田原藩士の豊田正作である。

名目的と表現したのは、桜町領の立て直しの事業は尊徳がすべてを取り仕切っており、尊徳より格上の武士が赴任してきてもほとんど口出ししないのが通例だったからである。ところが、豊田正作は最初から口うるさく介入してきた。尊徳の頭越しに農民たちと接触しようともした。職務熱心のあまりの介入や農民との接触ではなく、正作の場合は、尊徳の仕事の邪魔をするために介入し、尊徳の悪口を言い合うために農民たちと接触するのであった。最初から底意を含んで赴任してきたとしか思えない。

その頃、小田原藩内の一部の武士の間では尊徳の評判は悪くなり、希代の悪人のようないわれ方すらされていた。

「殿の寵愛《ちょうあい》をかさに着て、百姓の分際で武士の上に立とうなど、もってほかの不埒者《ふらちもの》じゃ」

「桜町のご領地では、復興の期間中は年貢が四分の一に減らされた。復興が成っても年貢は半分だそうじゃ。得するのは百姓ばかり。お家は損する一方じゃ。二宮はお家に仇をなす奴、獅子身中の虫じゃ」

尊徳の復興計画には間違いなく年貢の減免が含まれているのだから、尊徳批判派の武士たちの言い分にも根拠はある。だが、これは四〇〇〇石の格式を持たせた宇津家に三〇〇〇石の土地しか与えなかった小田原藩三代当主の忠朝《ただとも》にこそ、根本的な責任がある。

とはいえ、そんなことをいっても通じない奴も多い。

「お家に仇を成す二宮、あんな奴、ぶった斬ってやる」

「刀にかけても二宮の仕法など叩き潰してやる」

などと息巻く血の気の多い武士もいたらしい。豊田正作もその一人だったのだろう。最初から二宮潰しという底意を含んで桜町領に赴任したのであった。

　こうして、正作と桜町領の反対勢力が結託することで、尊徳の仕事は大きく停滞することになった。荒れ地を田畑に戻す開墾や新田開拓が進まないだけでなく、喧嘩沙汰《けんかざた》や農地の境界争い、水争いなどが目立って増えてきた。移住してきた新住人へのいじめが続発し、逃散する新住人も後を絶たなかった。尊徳の桜町領復興事業は、ちょうど道の半ばで大難問に直面することになってしまったのだ。

　だったら、大久保忠真に、不都合な家臣は小田原に引き取ってもらいたいと要求すればいいと思うかもしれないが、これが難しい。実は、以前にも尊徳に反感を抱く武士が桜町領に赴任してきたことがあった。最初から反感は抱いていなかったものの、桜町領では尊徳に頭を押さえられることに嫌気が差し、結局、反感を抱くことになってしまった武士もいた。それらの武士は小田原に帰任することを藩庁に求め、小田原に帰ってから尊徳の悪口を吹聴《ふいちょう》することが多かったようだ。小田原で尊徳の評判がひどく悪くなってきた理由である。

　これは、個々の武士との価値観の違いや相性の悪さなどが原因ではない。もっと根本的な原因である。今回、豊田正作の追放に成功しても、またまた、同じようなことが発生する可能性は高い。

それに加え、桜町領の一部の反対勢力との感情的なしこりが収まる気配も見えていない。あれやこれやが重なり、尊徳はあと半分の復興期間をまっとうできる自信がなくなり、深く思い悩むことになる。

ついに尊徳は、単身桜町領を去り、そして成田山新勝寺での「二一日間の断食修養」へと導かれていく。

成田山での断食修養から「一円融合」の哲学へ

桜町領を去った尊徳は、失意のなかで最初は懐かしい栢山村に里帰りして、弟・友吉の家に泊まった。次いで、箱根や伊豆の温泉に遊んだ。だが、懐かしい故郷も温泉も、尊徳の心を癒してはくれなかった。最終的に尊徳は、成田山へ参籠《さんろう》する道を選んだ。

尊徳は成田山での断食修養で「一円観」という悟りをつかんだといわれる。

この「一円観」は、尊徳仕法の六つの原理の一つであり、尊徳が到達した哲学ともいえる「一円融合」の源となった仏教的な世界観である。

簡単にいえば、善と悪、苦と楽など、世の中のありとあらゆる対立するものを、実は、対立物とは見ないということである。一つの円のなかの相対的な構成要素であり、善と悪は対立・闘争するのではなく、溶け合い、調和しあってこの世界を形づくっている、と考える。

当時の尊徳が抱えていた問題に即すなら、桜町領の住人のなかには絶対の善人もいなければ、絶対の悪人もいないということである。それなら、接し方次第では、いかなる人の心も動かせるはずである。こうした悟りを成田山で得た。

それまでの尊徳にとって、復興事業を邪魔する者、復興事業に協賛しない者は、「悪」だった。自分のなかの何かが敵をつくってしまうのだ。そうすると、その尊徳の心は知らず知らずのうちに相手にも伝わり、ますます相手は自分への敵対心を高めるようになっていく。尊徳は、そのような意識せざる悪循環にひそかに悩んでいたのではないか。そしてそれが辞職願を出して桜町領を去り、最終的には成田山で修養することになった真の原因ではないだろうか。

そして、修養のなかでも最も厳しい二一日間の断食修養を行ない、その結果として、「一円観」の悟りを得ることができた。言い換えるなら、挫折をバネとして、より高い境地に飛躍したことになる。

尊徳は、挫折を経験すると、必ずといっていいほどそれに学び、自己と自己の思想を成長させていく。生家の没落という挫折の後には、勤勉と至誠、積小為大などの原理を学びとった。自分がつかみとってきた仕法は農村でこそ試されるべきという認識も学びとった。

そして今、桜町領の復興事業が中断したという挫折から学び、ついに、報徳思想の最後の奥義ともいうべき「一円融合」の哲学をわが物としたのである。この時点で、報徳思想は、ほぼ完成したと見なすことができるだろう。

誰にも行き先を告げないままに尊徳が姿をくらました後、桜町領の住人や小田原藩、宇津家は驚きあわてた。たしかに桜町領には抵抗勢力があり、小田原藩には尊徳を敵視する武士たちがいた。しかし、圧倒的多数の住人や武士たちは尊徳を畏敬し、尊徳の成したことに感謝し、復興事業である報徳仕法も続行してもらいたいと思っていた。

そこで村人は、様々に手を尽くし、ようやく尊徳を探しあて、代表が成田山を訪れた。だが、そのときは断食修養の最中で、面会はかなわなかった。修養の明ける日、多数の武士や住人たちが尊徳に面会した。もちろん、桜町領に戻り、復興事業を継続するよう懇願するためである。

一方の尊徳は「一円観」の悟りを得ていた。もはや恩讐《おんしゅう》もない。喜んで桜町領に戻ることにした。

尊徳が到着する日、桜町領の多くの村民が出迎えた。尊徳の気性の激しさ、使命感の強さをいやというほど熟知していたため、さぞやきついお叱りを受けるであろうと、喜び半ば、脅《おび》え半ばの状態での出迎えだったであろう。

しかし、尊徳は怒りの色も見せず、至誠をもって穏やかに決意を述べるのであった。

「復興が成る、成らないにかかわらず、私は生涯、この桜町領を動かないことを不動尊に誓いました。どうか皆さんよろしくお願いいたします」

以後、桜町領では何かが変わった。尊徳に抵抗することの多かった桜町陣屋の役人たちや百姓たちも、もはや抵抗することを止め、復興事業は順調に進展するようになった。農民や役人たちの心を動かしたければ、まず自分が至誠をもって接するべきであるとの尊徳の姿勢が、彼らの心に届いたのであろう。

尊徳は、その頃の自分の心を歌に詠み込んだ。

「見渡せば敵も味方もなかりけり　おのれおのれが心にぞある」

この歌は、尊徳が得た「一円融合」の新しい心境を余すところなく語っている。

後になって、大久保忠真にこの自分の心構えを話したところ、

「汝のやり方は、論語にある以徳報徳（徳を以って徳に報いる）であるなぁ」

と感嘆され、以後、尊徳の思想も仕法も「報徳」の名をもって呼ばれるようになった。

第三章　各地に広がり受け継がれてゆく報徳仕法

桜町領の再建手法が各地へ普及

一〇年間の復興期間の最後の年にあたる天保二年（一八三一）の秋、桜町領では一九〇〇俵の貢納が可能になった。実際の貢納はもちろん、約束どおり一〇〇〇俵余である。したがって、九〇〇俵の余剰米があったことになる。翌年からの約束の二〇〇〇俵の貢納も十分に可能であった。だが尊徳は、大久保忠真に懇願した。

「二〇〇〇俵の貢納は、もうしばらくお待ちいただけませんか。ギリギリの量を貢納すれば、何かがあると、また、元のような荒廃を招きかねません」

「あと五年、復興期間を延長してください。その五年の後には必ず……」

こうして天保三年（一八三二）から、五年間にわたる第二次復興事業がスタートした。

この期間延長は、小田原藩や宇津家にとっても、さらには桜町領の人々にとっても、何にも代えがたいほどの幸運であった。なぜなら、第二次の復興事業がスタートした直後から、わが国は数年も続く飢饉《ききん》の時代に突入したからである。享保の飢饉、天明の飢饉と並び、江戸時代の三大飢饉といわれる天保の飢饉であった。

この飢饉は大きな被害をもたらし、天明の飢饉同様、各地で餓死者も出た。だが、桜町領では一人の餓死者も出さなかった。それどころか、前述のように、お救い小屋（炊き出し小屋）を設け、隣接する地域の人々を救うだけの余裕すらあった。

これは、すべて尊徳の先見の明のおかげであった。

天保四年（一八三三）の夏、尊徳が視察先の農家の庭先でナスを食べているとき、「おかしい」と、箸《はし》を止めた。

「夏なのに、秋ナスの味がする」

急いで外に飛び出し、稲や路傍《ろぼう》の草を調べてみると、根は普通だったが葉が衰えていた。地中は夏だが地上はすでに秋だったのである。

そこで尊徳は、桜町領の住人たちに指示した。

「大根や芋、蕪《かぶ》など地下にできる野菜を植えよ。また、冷害に強い稗《ひえ》を植えよ」

さらには、米相場を張らせていた若者を使ったのだろうが、かねて蓄えておいた備蓄金を用い、米や麦などの売り物が出たらすぐに買わせた。その結果、桜町領の人は飢えに苦しまずに済み、近在の人々も恩恵を受けることになった。驚くべきことに、これだけの飢饉に襲われながら、桜町領の復興事業は着実に進展していた。

二次復興事業の最後の年、すなわち、復興事業のスタートから一五年後にあたる天保七年

(一八三六)、桜町領は三〇〇〇俵を超える年貢米を用意できた。いつものように年貢率が三五パーセントとして計算するなら、八五〇〇俵以上の米が収穫できたのである。宇津家の実高は三〇〇〇石を超えた。

この年、尊徳は広く復興事業の終了を告げるとともに、宇津家の分度を正式に二〇〇〇俵に増やすことにした。さらに、これまで一五年間の余剰分の蓄積、つまり、毎年の余剰分から復興に用いた貸付金の返済分や飢饉のときの対策費用などを引いた八五〇〇俵と金二〇〇両余を宇津家に引き渡した。

第一次(文政五年~天保二年)と第二次(天保三年~天保七年)の復興事業の間、旗本・宇津家の桜町領で何か凄いことが行なわれているらしいということは、徐々に世間に広まっていった。それを指導しているのが、二宮尊徳という百姓上りの人間だということも世間に知れ渡っていく。

そうしたなかで、桜町領と同じような荒廃に悩まされている各地の村や、宇津家と同様の財政難に苦しんでいる各地の旗本家や大名家から、尊徳にSOSがかかるようになってきた。復興のために尊徳の指導を得ようとしたり、また、人を派遣して尊徳に学ばせようとしたのである。

最初は、桜町領から三里ほど東へ行き、常陸国に入ったばかりのところにある青木村（現・茨城県桜川市）であった。桜町領の第一次の復興事業の最終年である天保二年（一八三一）、青木村の名主たちが尊徳を訪ね、仕法を指導してほしいと懇願してきたのである。

天保四年（一八三三）には、青木村の領主である旗本・川副家の用人が尊徳を訪れ、正式に仕法を依頼した。

同じ天保四年には、常陸国谷田部と下野国茂木を領地とする細川家（熊本の大名・細川家の分家）の藩医を務める中村玄順が、所用で江戸にいた尊徳を訪れた。中村玄順は個人的な借金の申し込みに来たらしいのだが、尊徳と話しているうち、わが藩でも報徳仕法をやるべきだという確信が生まれ、藩主や跡継ぎを熱心に説くことになった。その結果、藩主である細川興徳《おきのり》や跡継ぎの細川興建《おきたつ》が熱心な報徳仕法の推進論者になり、天保六年（一八三五）から、正式な仕法がスタートすることになった。

天保七年（一八三六）には下野国烏山藩の飢饉救済のための仕法や、尊徳のふるさとである小田原藩の救済仕法が始まった。

これらはすべて桜町領における仕法と並行して行なわれたものだが、桜町の仕法が一段落した後の天保九年には、常陸国下館藩の仕法が始まっている。

こうして小田原藩主・大久保忠真に見出された二宮尊徳の思想と仕法は、さらに広く各地に広がろうとしていた。

「この評議が決するまでは食事をなさるな！」

小田原領は駿河・伊豆・相模の三カ国にまたがり、山あり海ありで自然に恵まれている。戦国時代、北条家は、そのような利点に着目して小田原に居城を構えたと思われる。だが、土地が豊かであることが裏目に出て、江戸時代、領民が倹約を忘れ奢侈《しゃし》に流れたため、小田原藩は徐々に困窮化してきた。

そして、天保七年（一八三六）の夏、冷気や長雨、暴風が続いて穀物が実らず、小田原は大飢饉となった。領民は餓死を免れようとしたが、危機は幾万人にも迫っていた。国家老以下は対応を議論したが、空論ばかりで当を得た対策がなかった。そのうえ、江戸で主君・大久保忠真が病に伏し重篤《じゅうとく》となり、小田原藩内の悲嘆は極まっていた。

そのとき、尊徳は君命を受けて小田原に到着し、次のような趣旨を話した。

「ご主君は江戸において、私にお手元金一〇〇〇両を賜り、米は小田原において蔵を開き救済の用に充てるよう、命ぜられました。さあ早く蔵を開いて領民にこれを貸与し、その危難を救いましょう」

　これを受けて、家老たちは互いに議論したが、結論は出ず、尊徳にこう告げた。

「ご主君は二宮には命ぜられたが、まだ拙者らには蔵を開いて領民を救済せよとの命令がない。後日、命令を待たずに蔵を開いたというお咎《とが》めがあったならば、どうしてその罪をのがれられよう。それゆえ、この旨を江戸にうかがって、命令があったならば開くべきである。何で二宮の一言によって蔵を開くことができるか」

　これに対して尊徳は、大いに憤慨した。

「ご主君は大いに憂慮され心労が深く、領民はすでに死亡の危機に瀕している。私が君命を受けてここに来なくても、各位は速やかに救済の方策を行ない、一領民も危難の憂いをなくすべきだ。そのうえで、ご主君に報告し、もしもご主君の命を待たなかったお咎めがあったならば、潔くその罪に服するのが、ご主君に代わって国を守る者の任務ではないか。江戸にうかがいを立てようとすれば、数日要する。死亡に及ぼうとしている領民は、一日半日も待つことはできない。しかし、各位の心がここにない以上、議論しても何の甲斐もない。よって、明日から各位は断食して役所に出られ、この評議が決するまでは食事をなさるな。私もまた断食してこの席に臨む。各位は必ずこのようになされい」

その声は雷のようであった。一座の者は大いに驚き、かつ当然の道理と感じて、「即刻、蔵を開こう」ということになった。

そこで尊徳は、速やかに蔵を開くよう蔵番に伝えたが、蔵番は従わない。

「君命がなければどうして開くことができましょう。あなたの言葉によって開いたりすれば、後難をのがれられません」

尊徳は、再び大声でこれを戒めた。

「私と一緒に飲食を絶って命令を待とう。領民は飢饉のために命が今日明日に迫っている。平時の調子で論じてられようか」

蔵番はこの一言に押されてとうとう蔵を開いた。尊徳は俵数を点検して領村へ運送の手配を行ない、終日終夜も休まず、一人で領内を回村したそうだ。そして、一村ごとに「無難」「中難」「極難」と三段階に分けて貸与の分量を定め、五年年賦《ねんぷ》で償還させることとし、極難の村の者で償還できない場合は、村全体で肩代わりする規約を定めた。

蔵米が着くまでの間にも死亡しそうな領民もいたが、尊徳は数百両を用意し、このような領民を一人ひとり訪ね、自ら金を与えた。そしてこういった。

「近日、殿様のお恵みで、お前たち一人も死なずに済むよう救助がある。それまでこれで飢えをしのぐがよい」

飢えた者や病人などは、何日かの絶食でやせ衰え、立って受け取ることができなかったが、手を合わせ涙を流して感謝したという。

駿河・伊豆・相模の領中の村々は、このような巡回によって救助の方法が備わり、飢餓の状態にあった四万人に対して、食糧を十分に貸与したので、領民の一人も離散や餓死に至った者がなく、無事に大飢饉を免れたのであった。

このように尊徳は、古今に例のない救済方策を講じた。まさに劇的な救済大作戦であった。領民は甦ったような思いで深く感謝し、数万俵の貸付米が一人の不納もなく、約束どおり五年で全面償還となった。これが、小田原領民が尊徳の良法を慕い、旧弊を改めて良俗を取り戻す発端になるのである――。

仕法の神髄、片岡村モデル

大規模な改革事業ではなかったが、初期の段階に最大のエネルギーを注入することで成功をおさめた仕法もあった。相模国大住郡片岡村（現・神奈川県平塚市）における報徳仕法である。

片岡村は、大澤市左衛門というたった一人の大地主が田畑の半分弱を所有している村であった。ところが、片岡村の名主でもある市左衛門が小作人たちから集めなければならない年貢米は、年々、滞納が続いていた。それに音を上げた市左衛門が、尊徳に報徳仕法の指導を求めてきたのである。

尊徳は、「初期の段階にこそ、最大のエネルギーの注入が必要」というポイントを説き、市左衛門に復興のための資金供出を求めた。

市左衛門は、まず、一七〇両という基金を拠出した。また、すべての親戚に、年貢の負担を免除する形で一町一反の田んぼを貸し出した（一町＝一〇反）。親戚以外の百姓には、精勤の褒賞《ほうしょう》を与えた。村人同士の投票によって精勤者を選び、一等には一町歩、二等には七反歩というように、やはり年貢負担を免除した田んぼを一年間、貸与したのである。

さらに、市左衛門は、村人が借金のかたとして貸主に預けておいた家財のすべてを自分の金で請け出し、各人に戻してやった。

それら市左衛門による推譲のおかげで、「止まっていた物」が動き出した。村人は報徳仕法流の勤勉を取り戻し、その結果として年貢の滞納は減り、大澤家は、毎年のように生まれていた赤字（年貢の自己負担）から解放されていった。

その成功を見極めたうえで尊徳は大澤家に分度を立てさせ、天保一一年（一八四〇）からの一〇年間の仕法を正式にスタートさせた。分度を立てさせたのは、村の田畑の半分近くを所有している大澤家は、実質的には片岡村の領主に相当するからである。

この一〇年間の仕法もうまく行き、片岡村には（片岡村の農民には）一定の余裕が生じた。そこで尊徳は、大澤家の犠牲に寄りかかる仕法をやめ、家の分度を外し、一〇年間に積み立てた報徳資金と村人からの自主的な拠出金（推譲）を財源とする「永安仕法」に切り替えた。なお、片岡村は、尊徳の死の四年前である嘉永五年（一八五二）に村人の自治的結社である克譲社を結成し、大澤家を主体に動いてきた報徳仕法の運営を結社に移すところまでやってのけた。これが後に各地に結成される報徳社のはしりとなる。

規模こそ小さいが、片岡村での成功こそ、報徳仕法の神髄といえよう。

幕府の直参に取り立てられた尊徳

様々な報徳仕法の成果が評価され、天保一三年（一八四二）、尊徳は幕府の直参に取り立てられた。天保の改革を進めている筆頭老中・水野忠邦が、尊徳の報徳仕法を改革のなかに取り入れようと考えたようだ。

尊徳の最良の理解者であった大久保忠真は、文政元年（一八一八）に幕府老中に就任し、天保五年（一八三四）には筆頭老中になっている。同じ年に、水野忠邦は西の丸老中（将軍の世子付きの老中）から本丸老中に転じた。忠真は天保八年（一八三七）に亡くなるが、その間、忠邦と同役だったため、自慢話も含め、忠邦は忠真から、たっぷりと尊徳の話を聞かされていたであろう。それが記憶に残っていたからのお取り立てであったに違いない。

実は、直参に取り立てになったとき、「尊徳」という諱《いみな》を付けた。諱とは公式の場における名乗りである。西郷隆盛の通称が吉之助で、諱が隆盛であるのと同じである。本書では混乱を避けるために最初から尊徳で通してきたが、正確には、尊徳と記してよいのはこのときからである。なお、尊徳は「たかのり」と読むが、後年、弟子たちが尊敬の意味を込めて「そんとく」と読み習わすようになったという。

ところで、水野忠邦が取り立て直後の尊徳に与えた任務は、印旛沼《いんばぬま》の開発計画書の作成である。その後、幕府の天領である下総国岡田郡大生郷《おおのごう》村（現・茨城県常総市）の復興計画書の作成という命令が下された。いずれも天保一三年（一八四二）に下された命令である。尊徳は早速、計画書を作成し、提出した。だが、待てど暮らせど、いっこうに実施せよとの号令はかからない。

実は、筆頭老中・水野忠邦は失脚しかけていたのだ。

天保の改革は天保一二年（一八四一）から始まったが、尊徳に前記計画書の作成を命じた直後の天保一四年（一八四三）六月、水野忠邦は致命的な失政をおかしてしまう。江戸と大坂近郊に領地を持つ大名や旗本に対して上知令《あげちれい》（領地を幕府に返還させ、別のところに代わりの領地を与える命令）を発布したのである。

時あたかも、黒船騒動が頻発していたため、国防上、枢要の地である江戸と大坂は幕府の直轄領にした方がいいという計算であった。江戸や大坂という大消費都市に近い領地は、多くの年貢が徴収できるために天領にしたいという計算もあった。その二つの計算が重なっての上知令だったが、収入のいい領地を巻き上げられる大名や旗本はたまったものではない。一斉に反対運動を繰り広げた。上知令に関係のない大名や旗本たちも賛同した。

その結果、もともと人気のなかった水野忠邦のクビは危なくなってきた。もはや彼に、尊徳の使い道や処遇を考える余裕はない。こうして、尊徳の存在は宙に浮いてしまったのである。

尊徳が一度も訪れずに成し遂げられた相馬藩改革

報徳仕法を全面的に取り入れ、成果を上げた藩もあった。その代表格が、陸奥国の相馬藩

（現・福島県浜通り北部）である。

相馬藩の藩主である相馬家は、いわば名門中の名門の武家であった。武家の名門の家は因《いん》循《じゅん》姑《こ》息《そく》であることが多い。伝統と格式が邪魔をして、旧来の慣習を変えることに抵抗が大きいからである。だが、相馬藩はさしたる抵抗もないまま報徳仕法を採用し、桜町領以上の成功をおさめたといわれる。その意味では、相馬仕法に携わった相馬藩士たちこそ、真に尊徳の後継者の名に値する。そして、尊徳没後の後継者となっていく。

相馬仕法は弘化二年（一八四五）に始まった。尊徳の没年の一〇年ほど前のことである。相馬藩からの依頼を受け、尊徳が相馬藩の分度にかかわる基礎資料の事前作成を指示したのは、さらにその四年前に遡《さかのぼ》る。尊徳が亡くなったのは安政三年（一八五六）だから、尊徳没後の後継者と表現するのはおかしいように見えるかもしれない。

だが、相馬仕法は尊徳の没後も、延々と継続されたのである。明治四年（一八七一）の廃藩置県によって相馬藩が消滅すると、ついに、これまでどおりの報徳仕法はできなくなった。中央集権国家をめざす新政府が、その地方独自の行政などは認めなかったからである。

それでも、尊徳の高弟の富田高慶は民間団体を創設し、旧藩時代の仕法担当だった「報徳役所」の業務の一部を引き継いだ。さらに、旧藩主である相馬子爵家の分度は今後も継続すべきということになり、明治に入っても延々、分度を立て続けた。富田高慶と尊徳の嫡孫（弥太郎の息子）の二宮尊親《たかちか》は、明治一九年（一八八六）、今後六〇年にわたる相馬子爵家の分度を立てている。

さすがに六〇年は持たずにこの分度は途中で消滅したが、計画どおりだったら昭和二〇年（一九四五）まで続いたことになる。なんと、太平洋戦争が終わった年である。

これほど大規模かつ徹底した仕法だったにもかかわらず、実は、尊徳は一度も相馬を訪れていない。これは尊徳の現地現場主義に反するが、やむをえない事情があった。ちょうどその頃、尊徳は幕府から日光神領復興の調査を命じられており、相馬を訪れて直接に調査したり、指導したりする余裕はなかったのである。

それに加え、相馬には尊徳が全面的に信頼する第一の高弟で、後に、尊徳の長女・文《ふみ》の婿《むこ》になった富田高慶がいた。高慶は青年期、故郷の藩を立て直すために勉学を志し、江戸に遊学した人であった。だが、机上の学問に終始する学塾に飽き足らないものを感じており、そんなときに桜町領における尊徳の活躍ぶりを耳にはさんだ。そして桜町領を訪れ、尊徳の身近に学ぶ高弟となった。

富田高慶は報徳仕法こそ、間違いなく相馬藩が必要とするものだという確信を深め、藩の要職に説いてまわった。相馬は遠いので江戸藩邸詰めの重職に説き、また、国許《くにもと》の重職が江戸に来るたびに高慶も江戸を訪ねて口説いたのだろう。

その結果、相馬藩江戸家老の草野正辰や国家老の池田胤直なども、次第に報徳仕法に入れ込むようになってきた。彼らは、尊徳を訪れて相馬藩の仕法の指導を懇願する。それだけではない。尊徳に直接に接した彼らはその人柄と思想に魅了され、自分も尊徳の弟子になってしまった。相馬藩士の集団入門である。

つまり、相馬仕法が実際にスタートするずっと前から、相馬藩にはたくさんの尊徳の弟子が誕生していたのであった。

「これなら、自分が相馬を訪れなくても、彼らに任せられる」

尊徳は、相馬仕法の実践的なスタートの年に相馬に戻した富田高慶を柱に、弟子たちに現地での指導を委ねることにした。このように、相馬藩の藩士たちは、尊徳と尊徳の報徳仕法の受け入れに抵抗が少なかったのである。

不思議なのは、小田原藩や烏山藩の藩士などがあれほど尊徳に反発し、邪魔したのに、なぜ、相馬藩の藩士たちはすんなりと尊徳と報徳仕法を受け入れたのか、ということである。

その第一の理由は、相馬藩が天明の飢饉で壊滅的な打撃を受けるという苦い経験を有していたからであった。深刻な飢饉に襲われた相馬藩は、藩内の人口を激減させた。九万人あった相馬藩の人口が、三万六〇〇〇人に減少したといわれる。

もっとも、相馬市在住の経済学者であり民俗学者でもある岩本由輝東北学院大学名誉教授は、こう説明する。

「おとなしく座して死を待つほど、人間はやわな生き物ではありません。減少した五万四〇〇〇人の多くは、餓死ではなく欠落《かけお》ち（逃散）でしょう。それにしても、天明の飢饉によって相馬藩の人口が大きく減少したのは事実です」

いずれにしても、人口の六割が消えてしまったのである。相馬藩は大混乱に陥った。その混乱は尊徳の時代にも収まってはいなかった。その意味から、切実に報徳仕法を求めていたのである。

第二には、天明の飢饉の被害を回復するため、藩が独自に復興事業に取り組んできた経験も大きかった。

たとえば、尊徳が小田原藩家老の服部家に奉公する前年の文化七年（一八一〇）には、相馬藩は、北陸の一向宗門徒を相馬に招き寄せる政策を試みている。桜町領における移民策と同じであった。当然、尊徳の仕法への抵抗は少ない。

さらに、相馬が奥羽地方の流通拠点の一つでもあったことも、大きな意味を持っていた。奥羽地方から関東地方にかけての太平洋岸には良港が少ない。相馬の北にあたる南部地方の海岸はリアス式であり、また、相馬の南の常陸の海岸は鹿島灘に面し、いずれも航海の難所である。良港に恵まれていない。自然と、東廻り航路の荷船は、リアス式海岸と鹿島灘の中間にある良港に荷を下ろすことが多くなる。相馬藩領にも良港があり、そこにも荷を下ろす。そこで馬の背に積まれ、奥羽地方の各地に様々な商品が運ばれる。つまり、相馬の人々は商品経済に慣れていたのであった。

これは、この時代特有の閉鎖性、頑迷性を打破することにつながる。つまり、開明的で先進的な尊徳の報徳仕法を受け入れる素地ができていたのである。

それらの条件が総合され、相馬藩の藩士たちは、尊徳と尊徳の報徳仕法の受け入れに抵抗が少なかったのであろう。喜んで受け入れ、多くの藩士が報徳思想・報徳仕法の信奉者になっていった。

こうした好ましい環境があっただけに、相馬仕法は実に見事な成果を上げた。明治四年の廃藩置県のときに藩営の相馬仕法を終了した際の記録が残っているが、それによると、弘化二年（一八四五）から明治四年（一八七一）までの二七年間の相馬仕法の成果は、以下のとおりであった。

○当初の予定を超えた分度外産米　二四万八二二〇俵
○荒れ地の開拓面積　一三七九町歩（約一四六二ヘクタール）
○そのなかの水田面積　一〇四〇町歩（約一一〇二ヘクタール）
○堤防や堰の構築　一〇〇カ所以上
○溜池や用水地の掘削　六九二カ所
○大きな用水堀の掘削　八カ所
○小さな用水堀の掘削　二〇〇カ所

成果はまだまだあるのだが、繁雑になるのでここまでにしておこう。その結果、相馬藩領内の農家戸数は一一三五戸も増えた。

桜町領における仕法や、他藩における仕法を上回る成果といえよう。相馬仕法こそ、最も大規模かつ徹底した報徳仕法だったといっても過言ではない。

最後の力を投入した日光神領復興

尊徳は生涯を通じ、興国安民のための仕法実施に全力を尽くした。徳化の及ぶ地域は、伊豆の駿河（静岡）、相模（神奈川）、甲斐（山梨）、遠江（静岡）、武蔵（埼玉、東京、神奈川）、下総（茨城、千葉）、上野（群馬）、下野（栃木）、常陸（茨城）、陸奥（主に福島）さらに、蝦夷地（北海道）の総じて一〇カ国以上にもなる。

最後の仕事となったのが、日光神領の復興である。

日光神領二万石は、高山や丘陵が多く、平地が少ない地形であり、水田は土地の一〇分の一に過ぎず、昔から雑穀を常食としていた領民は、貧しくて苦しい生活を強いられていた。さらに天明の飢饉以降、戸数も減少し、土地が荒れ、領民の困窮の度はいっそう極まった。

そこで、嘉永六年（一八五三）、幕府は尊徳に日光神領再興の事業を命じたのである。尊徳は当時六七歳で、病身でもあった。しかし、八九の村々を巡回し、村民を指導し、善行者を表彰し、貧困の村民には恩恵を与え、荒地を開拓するなど、再興のために最後の力を振り絞った。

実は、これより七年ほど前、幕府から尊徳に日光神領の再建策を提出せよとの命令があった。そこで、尊徳は数年かけて日光神領再興の仕法雛型《ひながた》を作成し提出していたのだが、様々な抵抗があり実行に移されないままに歳月が過ぎていたのだった。

この尊徳の日光仕法の実施にあたり、相馬侯は尊徳から受けた徳に報いるべく、多額の財政的支援を行なったという。

日光神領開発は、尊徳の生涯における最後の大願望であり、大事業であった。実はその事業半ばにしてこの世を去ることになるが、尊徳としてはさぞかし無念であったろう。しかし、その事業は長男の弥太郎や門人たちによって一六年間も受け継がれ、尊徳亡き後も、明治元年（一八六八）まで一二年間も続けられた。

この一六年間に開発された荒地は四八三町だった。当初の計画では荒地九四一町を三〇年間で開墾しようという遠大な計画を立てたのであるから、一六年間でその半分を完了したわけで、見事に目標を達成したといってよい。

安政三年（一八五六）二月には、「普請役格」から「普請役」に昇格するが、尊徳の病状はますます悪化していく。

同年一〇月二〇日、尊徳は病勢窮まり、ついに帰らぬ人となった。遺体は如来寺の境内に葬られた。現在の今市二宮神社の本殿の後方にあたる。

翌年、弥太郎〈尊行〉は正式に父の職を相続し、仕法は順当に進行したが、明治元年（一八六八）、幕府の大政奉還によって、日光領内の仕法も廃止とせざるをえなくなってしまう。尊行は徳川幕府の開発係としての関係から、徳川家たちの静岡移転に随行を勧められたが、これを断って民間人となった。その後、相馬侯が二宮家二代の厚い指導を感謝するために、尊行を客人として招き、これに応じて尊行は、この年四月、相馬石神村に移転したのである。

一方、富田高慶は、明治以後、報徳仕法が廃止させられるのを痛惜し、特に尊行が早く没したため、独力をもって報徳仕法の擁護活動に奔走する。県を通じ、あるいは直接に全国で実行されるように力を尽くし、参議の西郷隆盛に面会して理解を得ることができた。西郷は、報徳仕法が良法であることを伝え聞いて、大蔵省、内務省に勧奨したが、「報徳仕法は旧幕府時代の良法であり、地方民政の一法に過ぎず」として顧みられなかった。

そこで、富田高慶は、旧相馬藩内に結社を組織し、明治一〇年（一八七七）にこれを「興復社」と名付けた。興復社を民間事業団体として報徳仕法実行を託したのである。後年、尊行の長子尊親〈尊徳の孫〉は、興復社の事業を相続して、明治三〇年（一八九七）、北海道十勝に開拓事業を興していくのである。

北海道開拓に活かされた報徳仕法

二宮尊徳と北海道のかかわりは一般にはあまり知られていない。初期の札幌村開拓、尊徳の孫・尊親の率いた相馬興復社有志による十勝平野豊頃《とよころ》の開拓、戦前の産業組合設立、そして、戦後の農業協同組合育成――。その過程には、日本の近代史を根底で支えた農漁業や産業の現場に深いかかわりを持った報徳思想・報徳仕法の実践的な姿が凝縮されているといっても過言ではない。

尊徳と北海道とのそもそものきっかけは、日光神領の復興に関与していた尊徳晩年の頃からあったようだ。しかし、実際に尊親が北海道に赴任したのは、明治三〇年（一八九七）である。尊親が祖父の遺業を新天地である北海道で発展させようとし、興復社の事業を福島県相馬から北海道の豊頃牛首別《うししゅべつ》に移し、相馬出身の人々を主体に一〇〇〇余町歩の開拓にあたったことは、北海道開拓史のなかでも画期的なことといわれる。

『物語・北海道報徳の歴史』（北海道報徳社刊）には、当時の模様が次のように描かれている。

「当時四十一歳の尊親に率いられた第一期一四戸、五〇人の福島県からの団体移民は、四月八日現地に到着し、それぞれ二間に三間の草屋根、草囲いの仮小屋をつくってここに起居し、密林や谷地坊主とたたかいながら一鍬一鍬開墾にあたった」

「その後明治三十四年（一九〇一）まで、五期にわたって一八〇戸、九五九人の移住が行われ、尊親も数年間、あばらやの事務所に泊りこみ、社員たちを励ましながら、移住民の指導にあたった。（中略）その経営も当初から自主自立の自作農創設をめざし、組合の組織、常会（例会）、善行者表彰など、教化的な意味をもつ方法を実施して、目的達成のために、日夜努力した。（中略）組合規約は、明治三十一年六月、移住民一同が決議の上制定し、事務所において認可したもので、開拓当初の生活と、報徳の精神にもとづく自主的な生活規範を示している。（中略）常会は、いわゆる『芋コジ』と称して重視した。（中略）これは、土地の開墾よりも心田の開墾が急務であるとする報徳教化の中核をなすもので、晴雨にかかわらず、農繁期・農閑期をとわず、毎月継続して実施された」

興復社の北海道開拓が報徳の教えに基づいて行なわれ、その後の北海道の報徳運動の源流となったことはいうまでもない。

さらに戦後の昭和二四年（一九四九）、農業協同組合法などの施行後、北海道の農協、酪農協、漁協を問わず、協同組合運動のなかに報徳運動が取り入れられて展開していった。

今日でも、北海道の農協や漁協に、報徳思想は生きているといわれている。

第四章　報徳思想——二宮尊徳の成功哲学の神髄

さて、ここまで二宮尊徳の生涯と功績を紹介してきたが、この章では彼がその生涯を通じて学び、築きあげ、また後世に残してきた独自の哲学ともいえる報徳思想について、尊徳自身の言葉とともに解説したい。尊徳の遺訓を基に、報徳思想の神髄に迫ってみよう。現代に生きる私たちにとって、日々の生活を充実させるうえでも、そして、社会を変革するうえでも有益なヒントが隠されているはずだ。

「徳を以って徳に報いる」——報徳とは何か?

先に述べたとおり、小田原藩主・大久保忠真は、尊徳に対し「汝のやり方は、論語にある以徳報徳（徳を以って徳に報いる）であるなぁ」と評し、それ以降、尊徳の仕法や思想は「報徳」の名をもって呼ばれるようになったという。

そもそも「徳」とは、また「徳に報いる」とは、いったいどういうことだろうか。

世間一般的に、徳とは特別な美点、つまり、善を積むことであるように思われているが、尊徳が考える徳とは、決して特別なものではない。

尊徳は「世の中のあらゆるものには、それぞれ固有の長所や価値がある」と認識し、それを「徳」と表現した。また尊徳は、その恩徳に報いるためには、毎日よく勤め、万物の価値を生かすことが大切だと考えていた。

毎年米の収穫を得ることができるのも、土、日光、水、気候、こやし、そして種まき、草取り、稲刈りのそれぞれの徳が相和して大きな成果を生むからである。尊徳は、このように農民たちを指導した。

天地万物にはそれぞれ固有の徳が備わっていることを認識していた尊徳は、人間社会は天地万物の徳が相和することによって成り立ち、自己が生存できるのもそのおかげであると考えた。そのことに感謝の念を持ち、自己の徳を発揮するとともに、他者の徳も見出し、それを引き出すように努め、万人の幸福と社会・国家の繁栄に貢献すること、これが尊徳の考える「報徳の道」である。

報徳博物館初代館長の佐々井典比古は、この教えを万象具徳という詩で表現した。

「万象具徳　二宮尊徳先生の教え」

どんなものにも　よさがある
どんなひとにも　よさがある
よさがそれぞれ　みなちがう

よさがいっぱい　かくれてる
どこかとりえが　あるものだ
もののとりえを　ひきだそう
ひとのとりえを　そだてよう
じぶんのとりえを　ささげよう
とりえとりえが　むすばれて
このよはたのしい　ふえせかい（※）

※ 増え世界：社会的・経済的な付加価値が増加し、世界が広がること。

さらに尊徳は、日々の生活のなかで「徳を積むこと」「恩を忘れてはならないこと」の大切さを繰り返し説いている。

尊徳の高弟である福住正兄の『二宮翁夜話』（佐々井典比古訳注、報徳文庫刊）に、尊徳自身のこのような言葉が紹介されている（後述の『二宮先生語録』も含め、表現・表記には若干、手を加えさせていただいた）。

「若い者は、毎日よく勤めはげむがよい。それは、わが身に徳を積むことなのだ。なまけ怠るのを得だと思っていたら、大きな間違いだ。徳をつめば、天から恵みのあることは目に見えている。いま、雇い人をたとえにすれば、あの男はよく働いてまじめだから、来年はおれの家に頼もう、といわれたり、よく勤めたら婿にもらおう、といわれるようになるものだ。

反対になまけ者だったら、ことしは取り決めたからしかたがない、来年は断ろう、というようになるのは眼前のことだ。だから才知の乏しい者でも、よく気をつけ、よく反省して、身に過ちのないようにせねばならぬ。過ちはわが身のきずになるのだ。（中略）

過ちは身のきずになるばかりでなくて、父母兄弟の顔まで汚すものなのだ。慎まずにいられようか」（「夜話」一五）

また、同じく高弟の斎藤高行の『二宮先生語録』（佐々井典比古訳注、報徳文庫刊）には、このようなことも語ったと記されている。

「事の成否は、恩を忘れないか恩を忘れるかにかかっている。前に受けた恩を忘れず、これに報いようと心掛けるものは、する事が必ず成功する。前の恩を忘れて、これからの恩徳をむさぼり取ろうとするものは、する事が必ず失敗する。だから成功と失敗の分れ目は、恩を忘れないか恩を忘れるかにあるのだ」

（「語録」一四〇）

「報徳の心を持ち続ける者は、必ずその家を富ます。報徳を忘れる者は、きっと貧困を免れない。これは理の必然である。人が食事をするには、毎日なべかまや皿、茶わんを用いるが、食べ終ってこれを洗うのは、そのつぎまた使うためだろう。もし食物がもうなくなって、このつぎ使う当てがなければ、洗わずにほうっておくに違いない。これは毎日使ってきた恩徳を忘れたものだ。このような人は、一生貧困を免れない。たとい餓死しようというときになっても、やはりこれらを洗って戸だなにしまうとすれば、これは毎日使った恩徳に報いるものであって、このような人は必ずその家を富ます。貧富得失の分れ目は、ただ徳に報いるか徳を忘れるかにあるのである」（「語録」一四一）

いかがだろうか。現代を生きる私たちにも、はっとさせられるところが多いのではないか。報徳の教えは、人としてあるべき姿を説く、時代を超えた普遍的な価値観なのである。

過去・現在・未来を貫く縦軸思考

さらにいえば、報徳の道は、過去・現在・未来を縦軸思考で捉えているということが重要であろう。

家も村も国家も、決して自然にできたものではなく、親の世代、さらに前の先祖が興し、維持発展させてきたおかげで現在も存在することができる。過去に感謝し、未来につなぐ文化の承継を大切にする。

尊徳自身が、報徳の道をわかりやすく一〇八文字でまとめたものが「報徳訓」である。この「報徳訓」は、農民層にも広く浸透した。

現代の言葉で「報徳訓」を読み下したものを紹介しよう。

父母の根元は天地の令命に在り
身体の根元は父母の生育に在り
子孫の相続は夫婦の丹精に在り

父母の富貴は祖先の勤功に在り
吾身の富貴は父母の積善に在り
子孫の富貴は自己の勤労に在り

身命の長養は衣食住の三つに在り
衣食住の三つは田畑山林に在り
田畑山林は人民の勤耕に在り

今年の衣食は昨年の産業に在り
来年の衣食は今年の艱難に在り
年年歳歳報徳を忘るべからず

自身が存在するのは父母の生育の賜物《たまもの》であり、祖先の勤労の賜物である財産を相続しているおかげで生活ができるのだから、自身もその恩徳に報いて勤労し、子孫も生活ができるように自身の徳を及ぼさなければならないという趣旨である。

尊徳は、過去、現在、未来を通じて「家」が発展していくよう「報徳訓」を編み出したのである。徳に報いることによって「家」「村」そして「国家社会」を繁栄に導く、それこそが報徳の道の究極の目的であった。

「至誠」——わが道はもっぱら至誠と実行にある

報徳思想を理解するうえで、「至誠《しせい》」「勤労《きんろう》」「分度《ぶんど》」「推譲《すいじょう》」の四つの理念は決して欠かすことができない。これらはまさに、報徳思想の柱ともいえる基本理念だからである。それぞれの理念について、改めて解説を試みたい。

まず、「至誠」とは、この上なく誠実なこと、つまり「まごころ」であると理解されている。中国の古典『孟子』には、「誠は天の道なり。誠を思うは人の道なり。至誠にして動かざるものは、未だこれ有らざるなり」と説かれており、勉強熱心だった尊徳が、「まごころをもって接すれば、どんな人でも動かすことができるだろう」と解釈できるこの一文を目にしていたことは容易に想像できる。

また、尊徳が「至誠」と同様に重要視したのが「実行」であり、自らも驚異的な実行力を発揮し続けたことは、これまで紹介してきた尊徳の生涯からも明らかである。

「わが道はもっぱら至誠と実行にある。だから鳥獣・虫魚・草木にもすべて及ぼすことができる。まして人間はいうまでもない。それで、わが道では才知・弁舌を尊ばない。才知・弁舌では、人には説くこともできるが、鳥獣・草木を説くことはできない。それでも、鳥獣には心があるから、あるいは欺けるかもしれないが、草木を欺くことはできない。
わが道は至誠と実行なのだから、米麦野菜、うりでもなすでも蘭でも菊でも、みんな繁栄させるのだ。たとい孔明（諸葛亮）を欺く知謀があり、蘇秦・張儀（中国戦国時代の弁舌家）を欺く弁舌があっても、弁舌をふるって草木を茂らすことはできまい。だから才知・弁舌を尊ばずに、至誠と実行を尊ぶのだ。
古語（中庸）に『至誠は神のごとし』といっているが、『至誠はすなわち神』といっても悪くはないだろう。およそ世の中は、知恵があっても学があっても、至誠と実行とでなければ事は成らぬものと知るべきだ」

（「夜話」一二五）

このように、尊徳は物事を為すには「至誠（まごころ）と実行」がまず何よりも大切であり、知恵や学問があっても「至誠と実行」がなければ目的を達成できないと強調している。

物事に取り組むに当たって、基本姿勢が極めて重要だということである。

「勤労」――知恵を働かせて新しい価値を生み出す

次に、「勤労」だが、これは日本国民にとって大変馴染みの深い言葉の一つではないだろうか。「勤労は日本人の美徳」と考えている方も多いと思う。

勤労が日本人にとって大切な価値だと認識されている理由の一つは、日本国憲法において、教育・納税と並び、国民の三大義務の一つと規定されているからであろう。

諸説あって真相は明らかになっていないのだが、この「勤労の義務」という規定は、実は報徳思想の影響だという説もある。第二次近衛内閣や鈴木貫太郎内閣で農林大臣を歴任し（鈴木内閣では農商大臣）、「農政の神様」と称された石黒忠篤は、自身の農業政策を考えるうえで尊徳に強い影響を受けた。そんな石黒が、荒廃した日本を再建させるために新憲法で勤労の義務を規定すべきだと主張したことがきっかけとされているのだ。なお、大日本帝国憲法（明治憲法）には、この義務の規定はない。

それでは、これほど後世に大きな影響を与えた、尊徳の説く「勤労」とは、いったいどんなものなのか。尊徳は衰退した各地の復興にあたって、その衰退の原因の一つに農民の勤労意欲の低下を挙げ、『報徳記』によれば次のように諭《さと》している。

「お前たちは畑の有利なことを知っていて耕作しないのは、その労苦を厭い、怠惰を旨とし、働かずに米や金をむさぼろうとするためである。私の方法は、節倹によって無駄な費えをはぶき、余財を生み出して、人の艱苦を救い、おのおの家業を勉励し、労苦を刻み、修身善を踏み行なって悪事をせず、勤め働いて一家をまっとうするにある。家々がこのようにすれば、貧村も必ず富ますことができ、廃亡の村里でも必ず復興再盛に至るのである」

尊徳は、富貴と貧困とは、もともと一元から生じたもので、両者は相対的な因果関係にあるとしている。この両者に分かれる原因は何か。それを尊徳は勤労と倹約に求める。勤労こそが価値（新しい価値）を生み出す源泉と捉えている。

こうした勤労・勤勉を説いた遺訓は古今東西に残されている。アメリカ独立期のプラグマティズム哲学の哲人で、科学者であり政治家でもあったベンジャミン・フランクリンは、「〝富への道〟の秘訣は、簡単なものである。それは、〝勤勉〟と〝倹約〟の二語にかかっている。時間も金も浪費せず、この両者を最大限活用することだ」と紹介した。「時は金なり」

という諺《ことわざ》もフランクリンによるものだ。尊徳の教えとほとんど同じである。

ただ、ここで指摘しなければならないのは、尊徳の説く勤労とは、単にまじめに働く、与えられた仕事をガムシャラにやるというものではない。一所懸命に働くなかで知恵を働かせて労働を効率化し、新しい価値を創造することを重んじている。

たとえば尊徳は、服部家への奉公の際に、台所女中の薪を買い上げて借金を返済させたエピソードのように、知恵を働かせ、本質（徳）を生かし発揮させる方法を探して結果を出した。農民に耕作方法を指導するときも同様である。

つまり、勤労の価値とは、能動的に、そして合理的・効率的に働いて、知恵を使って労働生産性を上げることなのである。これが尊徳が求める理想的な勤労であり、極めて積極的で明るい発想である。

「分度」――贅沢には限りがないから予算の範囲を決めよ

さて、尊徳は特に、「分度を立てる」ことを重視した。

「分度」とは、自分の置かれた立場や状況をわきまえ、それぞれの収入に対する支出をきちんと予算だて、その予算の範囲内で生活することを意味する。これは家だけでなく、村や幕府・藩にもいえることで、尊徳は、財源を維持し、改革を進めるためには、まずは分度を立てることが必要だと考えていた。

「分度を立てるとはどういうことかというと、一年の気温には寒暑があり、昼夜の長さには長短があり、国には盛衰があり、家には貧富があり、作物には豊凶があるが、寒暑・長短を平均すれば春分・秋分の節《せつ》となるように、盛衰・貧富・豊凶を平均すれば中正自然の数を得る。

その中正自然の数にもとづいて国や家の分度を立てるのだ。これこそ土台石ともいうべきものであって、これを守れば国も家も衰廃窮乏のおそれはない。これがわが道を行う方法の根本である」

（「語録」七）

分度という言葉は本来、身分や規律のイメージが強いと思うが、報徳仕法においては、家政や村政、そして藩や国家の財政運営の基本フレームに据えられる重要な概念なのである。

さらに、それぞれの家や村が分度を立てても、領主の分度が立っていなければ、税収を増やすことで財源の不足を補おうとするので、家や村の負担ばかりが増えてしまう。そこで尊徳は、まずは領主自らが財源に分度を立てることを要求した。

「天下には天下の分限があり、一国には一国の分限があり、一郡には一郡の分限があり、一村には一村の分限があり、一家には一家の分限がある。これは自然の天分である。天分によって支出の度を定めるのを分度という。

末世の今日、人々はみな、ぜいたくを追い求めて、分度を守るものはきわめて少ないが、分度を守らないかぎり、大きな国を領有してもやはり不足を生ずるし、分度を知らない者に至ってはなおさらのことで、たとい世界中を領有したところでその不足を補うことはできない。

なぜならば、天分には限りがあるが、ぜいたくには限りがないからである。いったい、分度と国家との関係は、家屋と土台石との関係のようなものだ。土台石があって初めて家屋が営造できるのと同様に、分度を定めた上で初めて国家は経理できる。分度をつつしんで守りさえすれば、余財は日々に生じて、国を富まし民を安んずることができるのだ」（『語録』六）

つまり、まず領主や藩主など上に立つ者が分度を立て推譲し、農民や商人など下に立つ者が勤労して生産を増やす形で推譲する。こうしてお互い譲り合うことによって、搾取、被搾取という対立を乗り越え融合し、社会の安定につながると考えたのである。

「推譲」——湯ぶねの湯は向こうへ押せば、こちらへ帰る

最後に「推譲」について改めて説明しよう。推譲とは、字のとおり「推し譲る」ことである。分度を守り、勤勉に働き、その結果として生じた果実を積み重ねていけば、やがて大きな余剰や余分が生じる。その余剰を家族や子孫のために蓄えたり（自譲）、他人や社会のために譲ったり（他譲）することによって、「人間らしい幸福な社会が誕生する」という教えで、報徳思想・報徳仕法の神髄ともいえるものである。

自譲は未来の自分へ譲るのだから、容易に実践しうるだろう。しかし、余剰を自家の経営拡大のみに譲り富の増大を追求すれば、他者をむさぼり、多くの貧窮者を生み出すことになり、社会と国家は衰弊してしまう。

実際、江戸時代後期の市場経済化によって、そうした事態の進行を目の当たりにした尊徳は、各々が分度外の余剰を推譲しあい、万民の幸福と社会と国家の繁栄の実現に向けて寄与すべきことを力説した。

「一村の富は富者に帰している。富者が富にいて足ることを知らなければ、小百姓は立つことができない。小百姓が立つことができなければ、どうして富者ばかりその富を保つことができよう。

これを風呂屋の湯ぶねにたとえてみると、その湯はわずかおとなの身のたけ半分ぐらいまでしかない。おとながそれを不満として、湯をすくって肩にかけても、むだに湯を費やすだけで、ついにからだが温まらない。と言って、もし湯の分量を倍にすれば、こどもは湯にはいれない。

ところが、おとながからだをかがめてはいりさえすれば、湯は自然と肩まで来るし、こどももはいることができて、長幼共に温まれるのだ。

富者たる者はよくこの道理を察して、（中略）その余財を推し譲れば、余沢は小百姓に及んで、貧富共に豊かに衣食できるようになる」

（『語録』五一）

「分度を守ってよく譲れば、その町村は富み栄えて平和になること疑いない。古語（大学）に『一家仁なれば一国仁に興る』といっているのは、このことだ。（中略）

仁というものは人道の極致であるが、儒者の説明はやたらにむずかしいばかりで、役に立たない。身ぢかなたとえを引けば、この湯ぶねの湯のようなものだ。

これを手で自分の方へかき寄せれば、湯はこっちの方へ来るようだけれども、みんな向うの方へ流れ帰ってしまう。これを向うの方へ押してみれば、湯は向うの方へ行くようだけれども、やはりこっちの方へ流れて帰る。すこし押せば少し帰り、強く押せば強く帰る。これが天理なのだ。

仁といったり義といったりするのは、向うへ押すときの名前であって、手前にかき寄せれば不仁になり不義になるのだから、気をつけねばならない」（「夜話」一七二）

推譲とは単に経済的な面だけでなく、精神的な意味も含まれる。欧米でいう「ボランティア精神」、西欧流の「ノブレス・オブリージュ」（高貴な者の義務）に通じるものがある。尊徳はこう述べている。

「人のからだの組立を見るがよい。人間の手は、自分の方へ向いて、自分のために便利にもできているが、また向うの方へも向いて、向うへ押せるようにもできている。これが人道の元なのだ。鳥獣の手はこれと違って、ただ自分の方へ向いて、自分に便利なようにしかできていない。

だからして、人と生れたからには、他人のために押す（推す）道がある。それを、わが身の方に手を向けて、自分のために取ることばかり一生懸命で、先の方に手を向けて他人のために押すことを忘れていたのでは、人であって人ではない。つまり鳥獣と同じことだ」

（『夜話』一七二）

尊徳のめざす推譲とは、あえていえば、「余裕があったら譲る」という消極的な行為ではなく、「余裕がなくても、勤労に励み分度を守り、余剰を生み出し譲る」という積極的で能動的な行為を求めている。そうした道徳の普及こそ、社会繁栄の道だと考えたのである。

「勤倹譲」——それぞれに結びつく至誠・勤労・分度・推譲

さて、この報徳思想を語るうえで欠かすことのできない「勤倹譲」の教えを、尊徳はこう説いている。

「わが道は勤倹譲の三つにある。勤とは、衣食住になるべき物品を勤めて産出することをいう。倹とは、産出した物品をむやみに費さないことをいう。譲とは、衣食住の三つを他に及ぼすことをいう。この譲には、いろいろある。

今年の物を来年のためにたくわえるのも譲だ。それから子孫に譲るのと、親せき友人に譲るのと、郷里に譲るのと、国家に譲るのとがある。その身その身の分限によって、つとめて行うべきだ。たとい一季半季の雇い人でも、今年の物を来年に譲るのと、子孫に譲るのとの譲りは、必ずつとめるがよい。

この勤倹譲の三つは、かなえの三本足のようなもので、一つでも欠けてはならない。必ず兼ね行わねばならぬ」

（「夜話」一一二）

ここまで読んでお気付きの方も多いのではないだろうか。これら報徳思想・報徳仕法の基本理念は、互いが有機的に強く結びついており、一つでも欠けたら成立しない。

至誠の精神で行動していくことが勤労となる。勤労することでおのずと無駄はなくなり、分度を立てることになる。分度とは単なる節約ではなく、至誠をもって勤労した結果、最小限必要なものを定めていくことなのだ。そして、最後に分度によって産み出した余りを譲ることが推譲である。至誠・勤労・分度の結果として余ったものを譲ってこそ、推譲となるのである。

ここまで紹介してきた四つの理念に関する尊徳の言葉やエピソードは、実は四つすべてについて説明をしているともいえよう。このように、報徳思想はそれぞれの教えが強く関連し、結びついている。ぜひ、この点にも注目していただきたい。

「積小為大」——耕すは一鍬ずつ、歩くは一歩ずつ

尊徳が幼少期の体験から生み出した考えが「積小為大」である。積小為大とは、文字どおり、小さな努力の積み重ねがやがて大きな収穫や発展に結びつくということである。尊徳はこの理念の重要性を自覚し、勤勉勤労の奨励に結びつけていった。そのための数々の遺訓を残している。

「大事を成しとげようと思う者は、まず小事を努めるがよい。大事をしようとして、小事を怠り、できないできないと嘆きながら、行いやすいことを努めないのは小人の常である。およそ小を積めば大となるものだ。

一万石の米は一粒ずつの積んだもの、一万町歩の田は一くわずつの積んだもの、万里の道は一歩ずつ重ねたもの、高い築山ももっこ一杯ずつ積んだものなのだ。だから小事を努めて怠らなければ、大事は必ず成就する。小事を努めずに怠る者が、どうして大事を成し遂げることができよう」

（「語録」三〇二）

「土地を耕すには、一度に一鍬ずつ掘りおこすのが限度である。いくら力のある人でも、一度に二鍬ずつ掘りおこすことはできない。もし無理にそんなことをしようとすれば、農具をこわすばかりでなく、からだも傷つけてしまう。

だから、大昔このかた、土地の良しあしはあり、耕しかたの速い遅いはあっても、一鍬一鍬掘りおこして段々に進むという限度を越すことはできない。

こうして一鍬一鍬段々に進んでゆきさえすれば、一畝から十畝になり、百畝から千畝に及び、天下の田地をことごとく耕し尽すことができるのだ」

（「語録」一〇八）

「人が道を行くのには、必ず一歩から始め、両脚をたがい違いに動かすよりほかに、方法はない。いくら道を急いでも、両脚を同時にあげれば転んでしまう。転ぶばかりでなく、手足をくじいてしまうことさえある。だから人類が生じて以来、まだ二歩ずつ一度に歩いた者はないのだ。

歩くのに健脚と足弱の違いはあっても、一歩ずつたがい違いに進むことに変りはない。これは天理からしてそうなのである。こうして一歩ずつたがい違いに進んで行きさえすれば、足弱の者でも万里の遠方までさっと行きつくことができるのだ」

（「語録」一〇九）


ところで、「塵も積もれば山となる」という有名な諺があるが、これが積小為大と同義語として使われているのを度々耳にする。しかし、それは違う。

この諺は仏教の『大智度論』九四の「受此業果報則難可得度　譬如積微塵成山難可得移動」（この業の果報を受ければすなわち度を得べきこと難し。たとえば微塵を積みて山と成さば移動するを得べきこと難きがごとし）に由来しており、仏教では「微塵《みじん》」とは「煩悩《ぼんのう》」のことだとされているので、小さな煩悩でも積み重ねれば山となり、そうなってしまうともはや動かすことが困難だという意味である。つまり、もともとは悪いものが積もる譬《たと》えとして生まれた諺であるので、私は積小為大と同じような意味で使われていることに違和感を覚える。

同じように、「雨垂れ石を穿《うが》つ」という諺も、「一度道に外れた行ないをしてしまえば、それが最初は小さなことであっても、いずれ積み重なって大きな災いになるのだ」という『漢《かん》書《じょ》（枚乗伝《ばいじょうでん》）』の教えに由来しており、積小為大と同じ意味であると解釈をするのは誤りであろう。

余談になるが、私は好きな芸能人を尋ねられる際に、タレントの西川きよしさんの名前を挙げることがよくある。私が西川氏の人柄に惹かれ、尊敬するのは、西川氏の代名詞ともいえる「小さなことからコツコツと」という言葉に、二宮尊徳を重ねているのかもしれない。「小さなことからコツコツと」能動的に積極的に諦めずに根気よく継続していけば、おのずと道は開けて大願が成就できる。尊徳の教えは、我慢や忍耐という暗いものではなく、継続は力であり、悲願は達成できるという明るく前向きなものなのである。

「心田開発」――意識改革による自立自助を促す

尊徳が行なった仕法は、決してはじめから万人に受け入れられたわけでない。紹介してきたとおり、地域住民からの反発や妨害工作も少なくなかった。

たしかに尊徳は類い稀なる技術や知識をもち、人徳と実行力を兼ね備えていたが、どんなに復興したかのように見えても、地域住民一人ひとりの協力がなくては、その状態は維持できない。また、第二章でも述べたとおり、尊徳は自発的な改革を促し、農民の自立を最重要視していた。補助金に頼らず分度を立てることの重要性を徹底して教えた。改革に特効薬などはなく、真の復興のためには、根気よく地域住民の心を育てていくしか道はないのだ。

『報徳記』には、繰り返し「村民を撫育《ぶいく》する」という言葉が出てくる。村民の意識改革による自立自助を促すため、村民を撫《な》で育て導いたのである。

尊徳が「芋こじ」と呼ばれる寄合いを重視したことは前にも述べた。仕法の進め方、復興資金の使い道、村人のなかから選出する表彰者、村方三役の決定などの課題に対して、寄合いの場で意見と意見をぶつけあい、不満やいさかいなどを洗い流し、コンセンサスをめざすのだ。場合によっては投票で決することもあった。

こうして芋こじに参加することにより、村人は復興事業を他人事ではなく、当事者として責任感をもって臨むようになる。村人は共同体的な結束を固め、生産力を増していった。

尊徳はこのようにして、村人一人ひとりの我欲を制し、ヤル気を引き出し、人々の意識を変え、自立への基盤を育成していったのだ。

「私の本願は、人々の心の田の荒蕪《こうぶ》（雑草が生い茂る荒れた土地）を開拓して、天から授かった善い種、すなわち仁義礼智というものを培養して、この善種を収穫して、又まき返しまき返して、国家に善種をまきひろめることにあるのだ。（中略）

そもそもわが道は、人々の心の荒蕪をひらくのを本意とする。一人の心の荒蕪が開けたならば、土地の荒蕪は何万町歩あろうと心配することはないからだ。そなたの村（相州金目村片岡、現・神奈川県平塚市内）のごときは、そなたの兄（福住正兄の兄、大沢小才太《こさいた》）一人の心の開拓ができただけで、一村がすみやかにに一新したではないか。大学に、『明徳を明らかにするにあり、民を親《あら》たにするにあり、至善に止《とど》まるにあり』とある。明徳を明らかにするとは心の開拓をいうのだ。そなたの兄の明徳が少しばかり明らかになったら、すぐに一村の人民が新たになった」

（「夜話」六三）

尊徳は、こうして荒地だけでなく、人々の心を開拓していった。

報徳仕法にあって、荒地開発が自然界に対する人間の働きかけであり、一方、心田開発は人間の内にある私欲への働きかけである。私欲を制して推譲を実践し、依存を制して自立することこそが、徳を積み徳に報いる人道の基本なのである。

「天道人道論」——天道は自然、人道は作為

先述のとおり、尊徳は「至誠」の心で人々に接し、事にあたっていた。しかし、ただ誠実にまごころをもって人々と接すればそれでよいと考えていたわけではない。

尊徳は、幼少の頃から相次ぐ天災により、幾度と畑や農作物を失う不幸に見舞われた。そこで尊徳は、自身の経験上、自然（天道）の摂理にも誠実に向き合い、徹底して観察した。そして、さらには、ただ自然を理解するだけでなく、人（人道）がいかにして自然と共存していくべきかを考え抜いたのである。

当時の社会では、君主（領主）が天道に従って生きてこそ、家の永続が保障されるという教えが一般的であった。だが尊徳は、自身の経験から、生産労働を「人道」と位置づけた。

農民の生活は決して「天道」からの恩恵によって成り立っているのではなく、農民自身の主体的な勤労こそが、自らの生活と社会を成り立たせている根本なのだと、尊徳は考えたのである。そうして、農民に「人道あってこその生産だ」という自覚と勤労意欲を喚起させ、国家・社会の基盤である家と村を永続させるために「天道」と「人道」を区分した。

しかし、尊徳は決して天道と人道を対立関係においてのみ捉えていたわけではない。農産

物は、天道と人道が和合して初めて実りを結ぶ。つまり、人間としての自律的な主体性を確立したうえで、自然との調和を保って生きるべきだと考えていたのだ。

ここで、有名な「天道人道論」を紹介しよう。

「天道は自然に行われる道で、人道は人の立てるところの道だ。もとより区別が判然としているものを、混同するのは間違いだ。人道は努めて人力をもって保持し、自然に流動する天道のために押し流されぬようにすべきものだ。天道にまかせておけば、堤は崩れ、川は埋まり、橋は朽ち、家は立ち腐れとなる。人道はこれに反して、堤を築き、川をさらえ、橋を修理し、屋根をふいて雨のもらぬようにするのだ。

身の行いも同様であって、天道は寝たければ寝、遊びたければ遊び、食いたければ食い、飲みたければ飲むという類だ。人道は眠たいのをつとめて働き、遊びたいのを励まして戒め、食いたい美食をこらえ、飲みたい酒を控えて明日のために物をたくわえる、これが人道なのだ」

（「夜話」五〇）

「人道は自然ではなく、作為のものだからして、人間社会で用を弁ずる品物は、作ったものでないものはない。だから人道は、作ることに勤めるのを善とし、作ったものを破るのを悪とするのだ。何ごとでも、自然に任せれば、みんなすたれる。これをすたれぬように勤めるのが人道だ。

人の用いる衣服の類から、四角な柱、薄い板の類、そのほか白米や精麦やみそ・しょうゆの類が、田畑山林に自然に生育するわけがない。だから人道は勤めて作るのを尊び、自然に任せてすたれるのを憎むのだ。（中略）

たとい人と生れても、譲りの道を知らなかったり、知っても勤めなかったりでは、安堵《あんど》の地を得られないのは鳥獣と同じことだ。だから、人たるものは、知恵はなくとも、力は弱くとも、ことしのものを来年に譲り、子孫に譲り、他人に譲るという道をよく心得て、よく実行しさえすれば、必ず成功すること疑いない」（「夜話」一六八）

尊徳がいうところの天道は、単なる自然現象を指しているのではなく、怠惰や贅沢に走る人間の行ないを、その一つの表れとして戒めている。

たとえば、人の卑しむ畜生の道は、天然自然の道であり、雨に濡れ、日に照らされ、風に吹かれ、食べ物があれば飽きるまで食べ、なくなれば食べずにいる。

一方、人が尊ぶ人道は、天道を認識しつつも、人間の作為の道なので自然そのものではない。住居を作って風雨をしのぎ、衣服を作って寒暑を防ぐのが人道作為なのである。天道は、過去、現在、未来変わらないが、人道は一日怠れば廃れていく。人道とは己に克つことであり、己とは私欲である、と尊徳は戒めている。

従来の儒教思想では、人道は天道に従うべきものとされていたが、それでは現実に苦しんでいる農民も救えないし、農村改革も進まない。そこで、尊徳は天道と人道を明確に区別した。人間生活が天道に従うのみで満足できない場合は、人間が主体性をもって天道、つまり自然環境に対し積極的に働きかけ、あるいは自身の欲望を自己制御して、これを改善していく。この営みを人道としたのである。

尊徳はまた、農業には天道と人道が共存していると教え諭している。野原はそのままにしておけば草が茂り、灌木《かんぼく》が生え、つる草で覆われて足の踏み場もなくなる。これが天道である。しかしこれでは米麦や野菜は収穫できない。

そこで天道に逆らって草を刈り、野原を開墾して田畑にし、そこに米麦や野菜を栽培し、収穫する。これこそが人道である。しかし、春には万物が芽吹き、秋にはそれが実って冬には枯れることは天道であり、この天道には逆らうことはできない。

すなわち、従うべきは天道に従い、そうでない天道は人道によって努力して退けていく。この両者をバランスをもって和合させることが重要なのであって、天道と人道にも分度があるということだ。天道と調和する限りの人道が営まれるよう努力しなければならない、と尊徳は説くのである。

これはまさに、現代における開発と自然環境の調和の重要性を鋭く指摘していることにほかならない。世界各地で開発推進と自然環境保全が相対立し、その解決策が見出せない現代社会の姿を見たら、尊徳ならばどのように行動するだろうか。

江戸時代の厳しい自然環境と荒廃する農村のなかで生み出された尊徳の「天道人道論」は私たち現代人にも大きな示唆を与えている。

「道徳経済一元論」――経済なき道徳は戯言、道徳なき経済は罪悪

尊徳が行なった報徳仕法は、農業手法だけに留まらず、経営や金融、不動産など多岐にわたる経済活動によって実現された。しかし、経済だけが先行しても、その結果は決して持続可能ではない。尊徳は、真に農村を復興させるためには、そして、社会を健全に発展させるためには、「道徳」が必要不可欠であると考えた。

『二宮翁夜話』を著した福住正兄は、その最後に、尊徳の教えを次のように総括している（佐々井典比古の現代語訳をさらに読みやすく改めた）。

「報徳学は実行学であり、普通の学問と違って、実徳を尊んで実理を明らかにし、実行をもって実地にほどこし、天地造化の功徳に報いるよう勤め、もって安心立命の土地とする教えである。天地に報いる勤めとは、内に天から授かった良心を養成し、より立派な人格を磨き上げ、外には天地の化育に賛成し、これに協力することの二つである。端的にいえば道徳と経済の二つである。そこで道徳をもって体となし、経済をもって用となし、この二つを至誠の一つをもって貫くことを道とするものである」

（「夜話」あとがき）

これが「道徳経済一元論」と呼ばれるものである。

儒教の教義のなかに「利は義に反する」とある。つまり、経済よりも道徳を上位に置いている。孔子は『論語』において、国のリーダーたる者の心得を説いているわけで、治世の学として道徳を経済より重視したのは当然である。

しかしながら尊徳は、儒教の教義に屈しなかった。尊徳は生産する農民こそが最も尊い存在であるとして、生産すなわち経済の重要性を的確に認識していた。つまり、儒学が非生産者である武士のための治世の学であるのに対し、報徳学は生産者である農民領民のための実学なのである。

こうして「道徳経済一元論」というべき哲学に到達する。後に、次のような格言として広く伝わるようになった。

「経済を伴わない道徳は戯言《たわごと》であり、道徳を伴わない経済は罪悪である」

「経済」と「道徳」という二律背反するかに見えるものを融合させ、社会発展の原理として提示したのである。

これはまさしく、次に説明する一円融合の哲学でもある。世の中には、善悪、貧富、苦楽、禍福、生死など互いに対立し、対称となっているものが無数にある。尊徳はこの対立するものを一つの円の中に入れ、相対的に把握しようとする。世の中のことは何ごとも、それに対称する別の半円と合わせて一円となる。物事の相対性を一円観として説いたものである。

いくら道徳を説いても、金がなく実行できなければ何も生まれないし、何の価値もない。だから尊徳は実践を重んじた。そして道徳の実践を支える経済の実践があってこそ、社会が発展していく。これが道徳と経済の融合である。

この「道徳経済一元論」が、明治以後、日本の実業家たちにとって、日本型経営論の礎となり、日本の資本主義経済の発展を導いていくことになる。このテーマについては、第七章で詳述する。

「一円融合」――対立を超えた融合こそが成果を生み出す

桜町領での仕法に行きづまった尊徳が成田山で断食修養を行ない、そこで一円融合という悟りを開いたということは先にも述べた。

一円融合とは聞き慣れない言葉だが、一言でいえば、この世の中にあるものは、すべてが互いに関連して働きあって一体となっているから、別々に切り離して考えるのではなく、全体として円のように一体的に捉えるべきという思想哲学である。

すべてのものが互いに働きあい、一つの円のように融合することで成果が生み出される。一方ともう一方が、あたかも「半円」と「半円」のようにバラバラとなり、敵対しあっていたら、成るものも成らない。それらが合わさって完全なる「一円」となったときに初めて結果が出るという考え方である。

一円融合の考え方を尊徳の遺訓から引用してみよう。

「天地は一物であるから、日も月も一つだ。だから至道は二つはなく、至理は万国同じのはずだ。ただ、道理を窮めないもの、尽さないものがあるだけのことだ。ところが、諸道がおのおの別の道だとして争い合うのは、互に狭い区域に垣根を結いまわして、隔て合っているからだ。みんな、三界城内に立てこもった迷者といってよい。この垣根を見破ってのちに、道は談ずるに足るのであって、この垣根の内にこもっての論は、聞いても益がなく、説いても益がない」

（「夜話」一九）

「心が狭く局限されると、真の道理を見ることができぬものだ。世界は広い。だから心は広く持たねばならぬ。広い世界も、己《おのれ》といい、我という私物を一つ中に置いて見るというと、世界の道理はその己に隔てられて、見るところがみんな半分になってしまうのだ。己というもので半分を見るときは、借りたものは返さぬほうが都合がよく、人のものを盗むのは最も都合がよかろうが、この隔てとなっている己というものを取り捨てて、広く見るときは、借りたものは返さねばならぬという道理がはっきり見え、盗むということは悪事であることもはっきりわかるのだ。それゆえ、この己という私物を取り捨てる工夫が肝心だ」
（「夜話」九四）

たとえば、善と悪や苦と楽、貧と富や禍と福などは対立していて共存しえないようにも見えるが、一つの円のなかの相対的な構成要素であり、これらは対立するのではなく、調和しあって共存することでこの世界を形づくっている、と考える。

天と地は、どちらか欠けると自然界は成立しないゆえに、万物も存在しえない。また、人間社会も男のみ女のみでは存在しえず、男女が和合して初めて人間が誕生する。領主・領民の関係においても、領民がいなければ、そもそも主君も領主も存在しえないのである。

たとえ対をなすものであるように見えても、根元は同一である以上、対立ではなく和合し、それぞれの徳を発揮しなければならないと説いている。

それでは、尊徳はいかにして一円融合の世界に到達したのか探ってみよう。

成田山参籠から桜町領に帰還した後、天保五年（一八三四）に、尊徳は報徳思想の原典ともいわれる『三才報徳金毛録』という書物を残している。

三才とは「天地人」、すなわち自然と人間社会、宇宙全体を意味し、「金毛」とは黄金色の獣毛のことで貴重なものを意味する。すなわち、この書は「人間にとって貴重な、自然と人間の報徳という考え方の根本原理を記録したもの」で、大変重要なものである。

まず、現実世界において対の関係にあるものも、その根元は同一なのだという「一円相」という一元観を見出す。そこから、すべての人間は私欲を排して他と敵対しない「一円空」の心境を開き、そのうえで万物を慈しみ生かす仁で満たして「一円仁」の心とし、その心をもって自他ともに幸福になれるよう助け合って生きることが大切だと、思想を進化させたのである。

自己中心の観点に立って事象を見れば、我欲のおもむくままの認識しかできない。これは「半円の見」であり、自己の欲望に基づいた色眼鏡の認識にすぎない。

しかし、我欲を捨て、心眼にて事象を見れば、そこには肉眼では見えない「一円」の世界が広がる。対立する事象の元はすべて一円に帰する。

対立という立場、概念を捨て去り、一円融合の境地に達したとき、自然界、人間界には様々な果実がもたらされる。

この「一円融合」の精神に立ってこそ、人々は穏和な環境と永遠の幸福を保証される、と尊徳は考えたのである。

こうして「一円融合」の悟りを開いた尊徳が桜町領に戻った後、それまで改革に抵抗していた役人や農民たちとも新たな人間関係を築き、復興事業は順調に進展するようになった。そして、各地の仕法は大きな成果を収めていくことになる。

この「一円融合」の哲学は、報徳思想の全体像を考えるときに、なくてはならないものである。前述のように、実践的改革理念である「至誠」「勤労」「分度」「推譲」は、お互いに深く結びついて一つの円の中に融合する概念になっている。

そして尊徳は、「天道と人道も、経済と道徳も、双方がバランスよく共存し融合することで社会は発展し、人々に幸福をもたらし、新たな価値を創造する」と考えるのである。

そうした意味で「一円融合」は「徳を以って徳に報いる」という報徳の道が到達した至高の思想哲学といえるのではないか。

現代社会においても、官と民、個人と社会、開発と環境保全、貧富の格差など、様々な対立概念が存在し、政治、経済、社会の大きな問題となっている。各界のリーダーも解決に向けて奮闘しているが、複雑に利害が絡み、まったく解決できない難題ばかりである。

こうした難題に対し、尊徳ならば一円融合の思想をもってどう対応していくのだろうか、と考えてしまうのは私だけではないだろう。

第五章　実践で培い、発揮した七つの力

これまで二宮尊徳の波瀾万丈の生涯と功績、報徳思想・報徳仕法について、様々な考察を試みてきた。

ではなぜ、一人の人間がこれだけの改革を成し遂げることができたのか。

その問いに対する答えは明白である。二宮尊徳という類い稀な人物が実践の中から培った力、駆使した力があったからである。それも一つや二つではない。様々な分野で卓越した資質と能力を備えたリーダーであったからだ、と私は捉えている。

私はかつて尊徳が発揮した力を、「数学力」「技術力」「教育力」「決断力」「実行力」「経営力」「人間力」の七つに分類し、独自の解説を試みた（拙著『二宮尊徳の破天荒力』ぎょうせい刊）。そして、これらのパワーは「破天荒力」と呼べるのではないかとの結論に至った。

この章では、私の独断論として、改めて二宮尊徳の七つのパワーについて横軸的に考察してみよう。

会計学の先駆となる卓越した「数学力」

尊徳の改革や報徳仕法のなかには、随所に細かい数字が出てくる。

小田原藩主から藩政の改革案を求められたとき、尊徳は米の量を計る「桝」の改正案を提示した。桝は均一であるべきなのに、当時の小田原藩には一八種類もの桝があって、農民は困っていたことはすでに述べた。

尊徳は、まず米一俵を四斗一升と計算した。そして、三杯で四斗一升になるような桝を工夫し、「米」という字から、桝の深さを八寸八分と決めた。すると正方形である桝の一辺はどんな長さにすればよいのか……。

それを尊徳は開平法（平方根を求めること）を独力で勉強し、一辺を一尺三厘三毛と計算したのである。

現在であれば平方根の値は電卓で簡単に求められるし、むしろ開平法を手計算で行なうことはほとんど稀であるが、当時は和算である。平方根の値を求めることは四則演算の計算より水準が高いにもかかわらず、和算の方法で正確に開平して細かい数字まで割り出している。尊徳の数学力の高さを物語る逸話である。

ほかにも武家奉公人たちの財政再建の手助けや小田原藩での「五常講貸金」の運営に際しても、数学的素養に裏打ちされた数値や係数が限りなく登場する。

なかでも特筆すべきは、仕法書作成にあたっての数値を使った計画づくりの巧みさである。

尊徳は藩から農村復興を依頼されると、まずその藩や農村の米の生産高を中心とした実績を徹底的に調査した。最低でも過去一〇年間に遡ったデータを集め、それを年度ごとに分類し、一〇年間の平均値を計算した。これがその藩や農村の実態を現しているのだから、この平均値をもって藩の新しい分度とした。

この時代、経済危機に瀕する藩では、表高（大名が将軍より認められた表向きの石高＝米の生産高）より実績平均値の方が低いことも多かった。表高は家の格式を表すものでもあったので、外面的にはその表高であるように装い、実態がそれより低い石高を認めることを嫌がるケースが、ままあったのである。

だが、徹底的な調査に基づく実績の数字を示されれば、藩としてこれを認めないわけにはいかない。この生産量と分度を基に、数値目標と改革期限、改革手法を設定していくのである。まさに、マニフェスト改革の原型が報徳仕法に内包されているといえよう。

尊徳の農村復興は、ただ一所懸命働いたから成功したのではなく、その改革手法を得意の数学力を活かして、このような合理的な数字で固めていたからこそ成功したのである。まさに、綿密な実績調査と合理的計画によって、農村復興を実現させたといえる。

この数値によって公私財政の合理化を初めて実現した尊徳は、わが国における経営学、会計学の先駆者といっても過言ではない。

江戸時代の町人や農民の教育施設といえば寺子屋であり、「読み書き算盤」が教えられていたが、尊徳はその寺子屋でさえ行く機会に恵まれなかった。そうした環境のなかで、「勤労が知恵を生み、価値を生む」と信じる尊徳は、勤労のなかに計画性、効率性、合理性をトコトン追求していった。そのためには数学力が不可欠であったのだ。そして尊徳は、自らの実践と経営のなかで、独学でこの数学力を身につけたのである。

農業の生産性向上のために磨き上げた「技術力」

尊徳はさらに、得意の数学力を応用して農業生産向上のための技術力をいかんなく発揮している。

農地を開墾し、生産性を上げるためには用水路をつくることが不可欠である。小田原の農村復興の際、曽比村にひどい湿地があったので農民が土を盛ろうとすると、尊徳は湿地である原因を調べたうえで、それを禁じた。

「これは地下水が湧くからだ。この湧き水は、夏は冷水なので稲の発育を妨げ、冬は温水なので雑草が茂る。この上に土を盛れば、湧き水は隣接する田畑に流れて害を与える。土を盛らずに、水を抜く溝を掘れ」

こういって、長さ二〇間ほどの溝を掘って水を流した。人々はこれを「報徳堀」と呼んだ。

竹松村にも湿田があったが、ここも排水が悪いので曽比村にならって四〇〇間ほどの排水溝を掘ると、見事に良田になった。人々はこれを「冷水堀」と呼んだ。

このように、尊徳は、農地の生産性向上のために、綿密な調査の下、技術力を駆使して農業用水を敷設し、農地改良を進めていったのである。

さらに、尊徳が心血を注いだのは、用水路に水を引いたり、用水の量を調整したりするための堰の構築である。

桜町領一帯でも堰は一〇カ所を超えており、なかでも大前の堰と三宮の堰が有名である。いずれも難工事であったが、見事に完成させている。

青木村の仕法では、難しい堰構築を成功させた有名な逸話がある。

荒田の開発が進んでいるのを確認した尊徳は、いよいよ懸案の「用水路の堰」の工事に取りかかることになった。それは桜川の急流の中に短時間で堰をつくる難工事で、大工も土工も誰もやり方がわからず困っていた。

そこで尊徳は、川幅に応じた「茅葺きの屋根」を作らせ、その屋根を川の上にかぶせて両端を縄でつないだ。そして、自らその屋根の上に乗り、刀で縄を切って屋根を川中に沈ませ、村民に一斉に大石を投げ入れさせた。こうして一瞬にして仮普請の堰が完成したという。

この堰は、翌年に本工事を行ない、以後二回改修しただけで、大正七年（一九一八）まで残っていたほど堅固なものであった。世の人はこれを「極楽普請」と呼んだ。その卓越した技術力に加え、危険な作業も率先垂範して村民の協力を呼び込むリーダーシップには敬服するほかない。

米作中心の農業生産では、治水・用水工事は、まさに農民の死活を決する重要課題であり、生産力向上はここにかかっているといっても過言ではない。各地の報徳仕法が大きな成果を上げることができたのも、その企画力、経営力もさることながら、農業生産向上のための技術力が大きな支えとなっているのである。

村民の心田開発を成し遂げる「教育力」

尊徳がどのように勉強したのかについては、前にも述べたが、類い稀なる勤勉少年だった尊徳は、他の人々をどう教育したのだろうか。

報徳仕法を実践するなかで、尊徳は「分度を立てることの重要性」を徹底して教えた。すなわち一所懸命働き、収入を得たら、自分の収入の範囲内で生活し、余分が出たら将来の投資に回せと指導した。

せっかく農村が復興して美田が増え、米がたくさん穫れるようになっても、贅沢して全部浪費してしまっては意味がない。二割か三割か残し、飢饉のために備えたり、荒地の開墾費用に使ったり、鍬を買ったり、道路や用水路を直したりと、農業の拡大再生産に使わなければ農村社会は発展しないということを、手を替え品を替え、懇切丁寧《ていねい》に農民たちに教えていった。

有名な「木の根掘りの老人」の逸話がある。

尊徳がある土木現場に出たところ、一人の人夫が飛び抜けて精を出して働いていた。大変奇特な働きぶりであるというので、尊徳はその人夫に近づき、こういった。

「お前は、私をだまそうとして、そんな働きをする。私がこの場を去ればきっと怠るだろう。人の働きには限界がある。なんなら私が一日ここに居て試してみようか。どうだ、働けるか」

人夫は驚いて平伏したという。

また、別の一人の人夫がいた。年は六〇歳くらいで、現場で終日、木の根株を掘り続け、人が休んでも休まなかった。尊徳が「休み時間ぐらいはゆっくり休め」と諭すと、「私は年取って十分働けません。元気な者と一緒に休んでいては何も仕事はできません」といって、人の嫌がる仕事を続けた。

そこで、尊徳はこの老人に「お前は他の者に抜きん出て、丹精の働きをしたから」といって、褒美金を渡した。

また、尊徳は表彰制度を重用した。小田原時代、大久保忠真から表彰されたことがその後の人生を決定した旨述べたが、それにヒントを得たのであろう。

表彰というと今では当然のようであるが、尊徳の方法は「表彰投票法」といわれるもので、尊徳が監督者としての立場から選ぶのではなく、よく働く者や善行者を村民の投票によって選び出して表彰し、金品や農具を与えたのである。極めて民主的な手法で、農民のヤル気を引き出す巧みな知恵である。

このような粘り強い教育力があってこそ、仕法は成果を上げることができたのであった。

何ごとを成し遂げるにも、まず本人のヤル気を起こさせることがはじまりであり、それによって一人ひとりが自立できる基盤をつくることができる。これが尊徳のいう「心田開発」である。

ところで、尊徳の元へは大勢の人間が弟子入りし、教えを受けた。江戸には二宮塾が開かれ多くの弟子たちが学んでいたが、尊徳が講義をして聴かせるようなことはほとんどなかった。尊徳と一緒になって働く、それがすなわち教育であった。

尊徳は農村復興のためにすべての時間を費やし、講師を務める暇などなかった。尊徳の仕事ぶりから学ぶ。弟子たちにとっては、尊徳とともに働く現場が道場であり教室だったのである。

しかし、ときには作業の合間や夕食後などに話し合いの場をもって意見を述べあい、切磋琢磨することもあった。これも「芋こじ」と称し、一つの学習形態となっていった。富田高慶の『報徳記』も、福住正兄の『二宮翁夜話』や斎藤高行の『二宮先生語録』も、こうした師匠と弟子たちとの交流を通じて著されたものである。これらも尊徳の教育力の賜物であろう。

一家を廃して万家を救う「決断力」

いろんな能力を持っている人間は数多いが、重要な局面を迎えたときに「決断力」がなければ、大きな事をなすことはできない。尊徳の波瀾万丈の人生のなかには、何度も大きな決断を迫られることがあったのはいうまでもない。

桜町領の復興を小田原藩主・大久保忠真から命令されたとき、尊徳は農民である自分では不可能であり、分不相応と考え断り続けた。しかし、度重なる要請を受け、現地調査を行ない、いくつかの条件を付けたうえで、一大決心をして受け入れたのは前述のとおりである。

尊徳はこれを「天命」だと思い、生命をかけて成し遂げようと決断したのである。そのためには桜町領に根を下ろして打ち込まなければならず、一家を挙げて移り住んだ。

そのとき尊徳は、それまで苦労を重ねて築きあげた自家の田畑や家財など、ほぼすべての財産を売却している。それは天命を果たすための覚悟のほどを示すのと同時に、復興に必要な資金ともなった。復興に対しては小田原藩から請負費用も出たが、それだけでは足りず、自分の全財産を処分して投入したのである。まさに、「一家を廃して万家を救う」という高い志をもった大決断であった。

この奉仕の精神は、その後に続く多くの農村復興事業にも一貫しており、それゆえに六〇〇か村の復興を成就できたのである。

次の一大決断は、桜町仕法が停滞したなかで迫られる。前述のように、多くの農民は尊徳の指導の下、仕法実現に向けて一所懸命働いたが、一部農民には不満もくすぶっていた。そんななか、豊田正作による仕法妨害工作にあい、尊徳は行き詰ってしまう。

尊徳は桜町領を離れ、小田原に帰郷した後、成田山新勝寺に向かった。「仕法がうまくいかないのは、まだ自分に不動の信念が足りないからだ。不動心修行をしよう」と決断し、二一日間の最も厳しい断食修養に挑戦したのである。

水以外は何も口にすることはできない。一日数回、水行場で冷水をかぶり、朝夕は本堂の「護摩行」に参加し、空いた時間は不動経を読む。まさに想像を絶する厳しい修行である。尊徳の身体が衰えるのとは反対に、精神は冴えていく。そして満願の日には「一円観」という信念を悟得開眼することができたのである。

「人には絶対の善人もないし、絶対の悪人もない。至誠をもって当たれば、復興事業を妨げる人々の心も動かすことができる。不動明王のごとく、決して桜町からは動くまい」

尊徳は、こうして不動の決心を固め、桜町領に戻り、復興事業を成功に導くのである。決断力と強い信念、これこそ、大願成就の源であろう。

天保八年（一八三七）の大飢饉のときに、江戸で老中職を務める小田原藩主の大久保忠真から「至急、小田原藩の米蔵を開いて救援米を開放し領民を救済せよ」との命を受けた尊徳が、その命にすぐに応じようとしない小田原藩の家老や米蔵番人に対して、すさまじい気魄で声を張り上げたエピソードも、その「決断力」をよく示す例といえるだろう。「どうしても米蔵を開かないというなら、江戸から正式な命令が来るまで、私も領民と一緒に食を断ちます。あなたがたも同じように断食してください」という尊徳の言葉に家老たちは圧倒され、米蔵は開かれ、小田原領民は餓死から救われたのである。

公に奉仕する、つまり農村を復興するという強い信念とそれを実現するための決断力。尊徳の偉業は、これなくしては語れない。

わが道は至誠と実行のみと言い切る「実行力」

「わが道は至誠と実行のみ」と宣言する尊徳は、実行することの大切さを訴え、自らも驚異的な率先躬行《そっせんきゅうこう》の実行力を発揮し続けた生涯だった。

『二宮先生語録』でもこう述べている。

「書物を読んで実践しない者は、鍬を買って耕さないのと同じことだ。耕さないのならどうして鍬を買う必要があろう。行わないなら、どうして書物を読む必要があろう。読書と実践と相俟《ま》つことは、ちょうど、織物が縦糸と横糸とあって初めてできあがるのと同様である。読書は縦糸であり、実践は横糸である。縦糸だけあって横糸がなければ織ることができない。織らなければどうして布ができよう。実践しなければどうして家をととのえ、国を治める仕事が成就できようか」

（「語録」七六）

尊徳は神道、儒教、仏教の書物を読み、その思想・哲学を学びとったが、学者や僧侶を尊敬しなかった。なぜなら、彼らは説教するのみで、世直しのための実行が伴わないからである。そのことを厳しく批判すらした。人間は実行するために学ぶ、これが尊徳の信念である。

この実行力を支えるのが「積小為大」の教えであろう。

尊徳の偉大さは、報徳仕法を確立しただけでなく、自ら生涯にわたって実践し続けたことである。具体例を引こう。

小田原領の足柄下郡の上新田・中新田・下新田のいわゆる三新田（現・東海道線鴨宮駅付近）の復興を手掛けたときのことである。合わせて四四戸のこの小村は巨額の借金に苦しんでいたので、まず借金の返済が先決であった。しかしその方法が見つからない。

そこで尊徳は「日掛縄索手段帳」を作り、一日一本の縄作りを提案した。一軒の農家が毎日夜なべに一本の縄を作ると、村全体では一年で三三両の貯金ができる。これを一〇年続ければ三三〇両になる。もちろんこの縄作りだけでは借金は完済にならなかった。だがこれが絶望していた農民に復興への自信と勇気を与え、ついに復興は成功したのである。

桜町領の一〇年を超える復興事業、青木村の復活、谷田部と茂木の領主・細川家の財政再建、烏山藩・小田原藩・下館藩の仕法、日光神領開発――尊徳は「積小為大」と「勤倹譲」の実践哲学をもって、六〇〇余の農村や武家・藩の復興を成し遂げたのである。まさに、驚異的な実行力としかいいようがない。

ちなみに尊徳が烏山藩の飢饉救済を行なった際、その資金は尊徳の桜町報徳金から貸し付けられている。烏山藩は表高四万石。これに対して尊徳が復興した桜町領は表高わずか四千石である。四千石が四万石を救済する。これが尊徳の度量である。

この烏山藩救済に際して一六四八俵という救済米を供出したが、もちろんこれは桜町領民のものだから返してもらわなければならない。しかし、烏山藩にはその力はなかった。そこで尊徳は烏山藩に、桜町領と同じように農村復興を中心とした仕法を策定させ、藩財政再建を指導し、そのなかで長期分割返済を求めたのである。

救済とは恵むことではない。これが尊徳の哲学であった。単なる恵みは怠けるのを助長するだけである。救済を契機に復興計画をつくり、分度を立て勤勉に働き、その余力で借財を返済していく。つまり藩の自立体制を構築させたのである。

これこそ、ピンチをチャンスに変える報徳仕法の真骨頂である。

尊徳の仕法は、農民、領民の自主自立、藩の独立体制をつくることを目標としたマニフェストともいえる。封建時代にあって恵むことを慎み、自立することを促す尊徳の実行力は驚くほかない。

金融システムを構築・駆使する驚くべき「経営力」

報徳思想の四つの徳目、すなわち至誠、勤労、分度、推譲であるが、これらは農民の生活再建のための目標であったと同時に、農村全体の復興、武家や藩の財政再建のための目標でもあった。つまり、経営改善のためのマニフェストの原型でもあった。

尊徳が特に「分度を立てる」ことを重視したのは繰り返し述べてきたとおりである。自分の収入の範囲内で支出限度を定め生活せよということだ。

しかし、分度を守らなくてはならないのは農民だけでない。藩主、すなわち殿様も、分度を立てて守らなくてはならない。藩主の分度とは、一口にいえば年貢をどう決めるかである。

年貢は藩の表高によって決まっているので、飢饉や農村の荒廃などによって米の生産量が減少しても年貢の額は減らない。そのため農民はますます困窮し農村の荒廃が進んでしまう。

そこで尊徳は、この年貢が実際の米の生産量に比例するように藩主と交渉した。すなわち年貢にも分度を設定して、農村復興によって米の生産量が増加すれば農民の収入が増えるようにしたのである。

これによって農民の勤労意欲は高まり、農村復興は進展していく。尊徳にはいくつもの藩や村から農村復興の依頼があったが、藩主や領主が分度を決定しない場合は決して引き受けなかった。

次に「推譲」である。一口でいえば、世のため人のために譲る、社会のために捧げるということだ。すなわち社会奉仕ともいえる。分度を守って生活すればそこに余裕が生まれる。それを世の中や次世代のために推譲するのである。社会奉仕の一つに慈善事業があるが、慈善事業は余力で社会奉仕するのに対し、推譲はもっと積極的に、余力がなくても分度によって余力を生み出し、社会に奉仕することを求める。

尊徳の改革が大きな成果を上げることができたのは、農民、家老、藩主が自分のためだけでなく、農村や藩、ひいては社会全体のためを思って協働したからである。「分度を実行し推譲する」ことを改革の基本に置いたことは、尊徳の経営力の神髄であろう。

さらに尊徳は、いくつもの卓越した経営企画力を発揮し、新たな制度をつくり実践している。

服部家へ奉公に出たとき、「五常講貸金」という金融システムをつくったのは前述のとおりだ。当時、服部家もそこに仕える奉公人たちも財政的に困窮し、高利の借金に苦しんでいた。尊徳は彼らを救うために、自分の金を基金に、また人々からも金を集め、それを必要な人に貸す会員制の相互扶助金融システムを構築した。

五常講貸金は、モノを担保にするのではなく人の心を担保に金を貸すという、人間の信頼関係を基にした金融システムで、多くの奉公人たちは借金を返済し、生活を建て直すことができた。働く者は互いに助け合って生活を向上させていくという尊徳精神の象徴であり、日本の信用金庫制度の原型ともされている。

また尊徳は破産管財人の手腕にも優れていた。谷田部と茂木の領主・細川家の財政再建を引き受けたとき、細川家には一三万両もの借金が山積していた。全額を返済するには七一年もかかるという巨額の負債である。そこで仕法開始と同時に、この大借金の整理に取りかかった。

借金の中身は、幕府からの借財や本家である九州細川家からの助成金、それに藩内の富豪からの借金だった。尊徳は「為政鑑」という詳細な復興計画書を作成して、幕府や細川本家、富豪たちに誠意をもって債務や利息の減免を要請し、その結果一三万両の借金が五万両にまで減少した。

このように尊徳には、現代でいえば破産管財人の力量も備わっていたのである。藩の借金が片づかなければ農村問題は解決しないという信念が、尊徳の経営力をさらに研《みが》いていくのであった。

尊徳は農村復興のために仕法を展開するなかで、多くの金を貸したが、原則として無利息だった。しかしすべてを利息なしで貸したわけではない。

農民が荒地を開墾して田畑を開くのに必要な資金を貸す場合は、田畑から米や野菜が穫れるようになれば、その生産のお礼として「冥加金《みようがきん》」と称する礼金を受け取った。また、藩の財政再建や農村復興、飢餓対策として多額の資金や米を貸すこともあったが、この場合は返済に無理のない一〇年、二〇年の長期分割返済を認めたが、利息は受け取った。

要は貸出の目的、相手によって、ケース・バイ・ケースで適切に判断したのである。尊徳の貸出金は「与えるお恵み」でも「高利貸し」でもなく、事業を援助するという高い目標をもった金融支援だったのである。

仕法を実践するなかで、尊徳は得意の数学を駆使して金融を有効に展開し、改革を進めていった。驚くべき経営力というほかない。

さらに尊徳は、国家財政や国家経営のあり方についても、示唆に富む大変興味深い考え方を披露している。斎藤高行の『報徳外記』から紹介しよう。

「およそ天には水害・干害・凶荒飢きん、地には地震・地崩れ・堤防の決壊、人には盗賊・反乱の害がある。これらは皆国家の不慮の災患であって、必ず毎年あると決まっていないが、数年の間には必ず起るものである。

この時にあたって事態が小さければ一年の蓄積を用い、大きければ三年の蓄積を用いる。もし幸にしてその災患がないとしても、国家には時にまた軍事戦役がある。いやしくも国庫に蓄積があるのでなければ、何をもってその費用に供し得よう。もしもその費用にあてる貯蓄がなければ、必ずこれを国民から徴収するようになる。これは暴税搾取の始めである。暴税をとって足りなければ、必ず不足の財を他から借り入れる。これは借財の始めである。（中略）

国用がいよいよ不足すればば借財はますます生ずる。国用はいよいよ不足し借財がますます生ずれば、何によってその不債を償い得ようか。負債を償うことができなければ、利子が倍加するどころではなく、その極は数年の歳入を尽しても償い得ないようになる。こうなっては官吏や人民があっても養うことはできず、仁義の教があっても行うことができず、国家があっても保つことができず、城郭があっても守ることができない。（中略）

それゆえ古語（礼記）に、『国、九年の蓄えなきを不足といい、六年の蓄えなきを急といい、三年の蓄えなきを国その国にあらずという』とある」

入るを量って出ずるを制す――これは財政運営の鉄則であることはいうまでもない。国家は、自然災害や経済危機に備えるために貯蓄つまり基金を積むべきであり、決して増税や借金に頼ってはならない。

もし、この方針が徹底されていたならば、わが国の巨大な財政赤字やギリシャの財政危機は起こりえなかったであろう。内外を問わず各地で国家財政の危機を招いている現下の状況に鑑みると、これぞ万古不易の法則ともいうべき教訓、いや金言ではないだろうか。

資産を社会の美田として残した「人間力」

二宮尊徳という人物の器の大きさ、思慮の深さ、志の高さ、つまり人間力について考えてみよう。

尊徳は生涯を通じて六〇〇もの農村復興を実現した。そのなかで何万何千町歩という田畑を開発し、何百万俵という米を備蓄し、またその過程で多額の報徳金と称する資金を蓄積することができた。

もし尊徳が復興の報酬として、これらの資産の一部でも自分のものにしていたら、大資産家、大富豪になっていたはずである。

しかし尊徳はそういうことをしなかった。死去したとき、尊徳所有の田畑は一坪もなく、また報徳金はすべて農村復興へ投資されて、私有財産はまったく残っていなかった。尊徳は資産を自分のものではなく、社会の美田として残したのである。

すなわち自身の人生のすべてを、世の中に捧げたのである。
家族に財産を残したいと考えるのは人の常であるが、尊徳の思いは、農民のために、社会の繁栄のためにあった。この農民への仁愛の深さが、尊徳の教えを永遠たらしめているのである。他にまねできない人間力であろう。
尊徳はこんな教えを説いている。

「天地の真理というものは、不書の経文から読みとらなければ、見えないものだ。この不書の経文を見るには、肉眼で一度ずーっと見渡して、それから肉眼を閉じて、心眼を開いてよく見るがよい。どんな微細な理でも、見えないということはない。肉眼で見えるものには限りがあるが、心眼で見るものには限りがないからだ」

（「夜話」三）

尊徳は、自ら貧困のなかから身を起こし、文字どおり一鍬一鍬耕しながら、各地で農村改革を実践しながら、多くの天地自然の法則を深い洞察力で学びとった。そして、そこから体得したものを実践の具体的な道理として筋道を立て、それをわかりやすく貧困に苦しむ農民に教え諭した。

こうした尊い天地の経文、すなわち自然の法則を無視して、書籍の上だけで道を求める学者連中の論説は信用できない。よくよく眼を開いて自然の摂理を発見するように、肉眼ではなく心眼で真理を探求せよと説いている。

「世の中に、道を説いた書物は数えきれないほどあるが、くせ・偏《かたよ》りのない、完全なものは一つもない。どうしてかといえば、釈迦も孔子もみんな人なのだし、経書といい経文といってもみんな人の書いたものだからだ。それゆえ私は、書物に書いてあることのうち、（中略）天地の経文に引き当ててみて、間違いのないものを採り、間違っているものは採らない。だから私の説くことがらは決して間違いがないのだ」

（「夜話」一二）

学問だけに頼ることなく、実践と経験に裏打ちされた説得力ある教訓だ。これこそ尊徳の人間力の神髄である。

尊徳の培ったパワーは前代未聞の「破天荒力」

私は改革の要諦は「リーダーシップ」と「チームワーク」にあると考えている。どんな困難に出合っても負けない強いリーダーシップが発揮されなければ改革は進まない。しかし同時に、仲間の相互協力がなければ改革は成就できない。

よく、リーダーシップが強すぎるとチームワークが疎《おろそ》かになり、チームワークばかり重視するとリーダーシップが発揮できない、と思われがちだが、それは間違いである。リーダーシップとチームワークは相反するパワーではなく、両立できるパワーなのだ。

つまり、改革を実現するには、リーダーシップとチームワークの両者を同時にバランスよく発揮させなければならない、ということだ。

それを見事に実行し、実証したのが、二宮尊徳にほかならない。

尊徳は、農村の復興を指導するときも、武家の家計を改善するときも、藩の財政を再建するときも、自らの強い信念のもとに果敢にリーダーシップを発揮するのと同時に、村人や奉公人や役人と議論を重ね、ともに汗を流し、協働して改革に邁進した。

尊徳は、報徳思想と報徳仕法の実践によって、道徳経済を創造し、農村社会を復興し藩財政を再建した。この大改革が成就したのは、尊徳が実践のなかで培った「数学力」「技術力」「教育力」「決断力」「実行力」「経営力」「人間力」という類い稀なるパワーがあったからであろう。さらに尊徳はリーダーシップ（指導力）とチームワーク（協働力）を共存させ、封建時代とは思えない民主主義的な改革を実現させた。

このような尊徳が培った偉大な力の結集は、まさに「破天荒力」とも呼ぶべきものであろう。

破天荒とは、豪快で大胆な様であると誤用されていることが多いが、正しくは、それまで誰も成しえないことを実現するという意味だ。

前述のとおり、報徳思想はすべてが固く結びついている。尊徳は、報徳の道を自らが実践し続けたからこそ、前人未到の境地ともいえる破天荒力を身に付けたのではないだろうか。

第六章

思想の系譜――尊徳の思想はいかに継承されたか

二宮尊徳亡き後、報徳思想と報徳仕法はどのように継承され現在に至っているのか？

この点があまり語られず、国民に知られていないのが、私は非常に残念である。尊徳の思想を、彼の門人たちがいかに受け止め、さらにいかに広げていったのか。本章では、尊徳の思想の系譜を見ていきたい。

尊徳の思想はいかに作りあげられたか

尊徳が誕生したのは、天明七年（一七八七）。徳川家斉が一一代将軍となり、老中松平定信の改革が行なわれた時代である。

海の向こうに目を向けると、イギリスでは、一七八七年にはカートライトの自動織機が完成するなど産業革命の最中であり、フランスでは、二年後の一七八九年は有名なフランス革命の年である。ドイツでは、ゲーテが三十代半ばで「イタリア紀行」の途上の頃である。

江戸時代の日本でも、ロシアの使節ラクスマンが根室にやって来て、交易を求めたり、イギリスの船も室蘭や江戸に来航して、四海波乱の様相で、幕府も海防にあたらざるを得ない時節でもあった。ちなみに、杉田玄白の『蘭学事始』ができたのは尊徳二十代の終わりの頃であり、伊能忠敬の『大日本沿海輿地全図』が完成したのは、尊徳三十代の半ばである。

文化的にいうと、江戸末期の化政文化の時期以降にあたることになり、文化が庶民、つまり商人や農民の間にも浸透し、世界的に見ても文化水準の高い時代といわれている。

そんな時代に生まれた尊徳だが、誕生当座から幼児期にかけては、生家は二町歩余りの田畑を持つ中流以上の農家であった。経済的にも文化的にも農民としては恵まれた家庭といえよう。

やがて家庭は極貧の状態になり、極貧から脱却するにはどうすべきかを考え、苦学力行の少年期を送るわけだが、尊徳はまともな教育を受けていない。というのは、当時は義務教育がない。行くとすれば寺子屋だが、貧しくて寺子屋に行くこともできなかった。

そこで、名主が書いた習字の手本のようなもので手習いをした後は、町で売られている本で自ら学ぶしか方法がなかった。『童子教』など子供向けの本のほかにはもう、『論語』や『大学』のような儒教系の難しい本しかなかった。

手に入れた本を仕事の合間に、あるいは深夜寝る時間を惜しんで独学した。『大学』というのは、中国の政治学のテキスト、帝王学を記した書である。「明徳を天下万民に明らかにするのが第一」と書いてある。読んでもなかなか意味がわからない。

そこで、尊徳は自分流で読んで理解しようとする。「明徳とはどういうことか、どうすることか」――。働きながら考え、実践したのである。

報徳思想の源流は、こうして作りあげられたものと思われる。

さて、尊徳は苦学力行のガチガチの生活を送っていたかというと、そうでもなかった。遊びやゆとりも、心の余裕もあったようだ。

二十代前半の青年期には、俳句にも親しんでおり、句会にも顔を出していた。数学にも独学で取り組み、これが後に各地での測量や土木事業で役立つことになる。

このように尊徳は、正規の教育を受ける機会に恵まれなかったが、極貧のなかから脱却する方策として学問の有用性を認識し、独学ながら自らの頭と手足で納得するまで考え、そして実用に活かした。それゆえ、尊徳の発想は説得力を持つようになったのである。

やがて各地で多数の農民を撫育し、併せて多くの優秀な門下生を輩出する教育者・思想家となっていく。

大原幽学や石田梅岩との共通点と相違点

さて、尊徳の生きた時代、広く江戸後期には、尊徳以外にも優れた思想家や農政改革者が多数いた。

中江藤樹、貝原益軒、上杉鷹山などはもとより、農政家としては、宮崎安貞、佐藤信淵《のぶひろ》、大蔵永常が江戸期の三大農政家と称されている。さらに農業技術者としては、小泉次大夫《じだゆう》、田中休愚《きゅうぐ》などが農業用水をはじめ治水事業に大きな功績を残している。

なかでも、尊徳と比較されやすいのは大原幽学かと思われる。商人出として石田梅岩もユニークな存在であろう。

大原幽学は尊徳より一〇歳ほど年下で、武家出身といわれ、同じ関東地方の農政改革者として、尊徳と似通った思想と行動で農民救済、農村振興に功績を上げた人物である。

大原幽学は、尊徳が桜町領の第二次復興事業に取り組んでいた天保六年（一八三五）、下総国香取郡長部《ながべ》村（現・千葉県旭市）に流れ着き、長部村があまりに荒廃しているのを黙視できなくなり、改革に尽力した。

彼は、生まれがどこか、長部村に流れ着くまでどこで何をしていた人なのか、その一切がわからない謎の人物であった。今もわかっていない。

ただし、よほどの学問と経験を積んだ人らしく、長部村に先祖株組合をつくり、耕地整理や交換分合などを行ない、桜町領と同じように荒廃していた長部村を見事立て直した。先祖株組合は、今でいう農協のようなものであり、耕地整理と交換分合は、今の農村における構造改善事業のようなもので、そのため、大原幽学を農業協同組合の元祖だと讃える人もいる。

ただし、大原幽学の最期は悲惨であった。長部村の村民の生活が改善されたために儲けの少なくなった地元ヤクザの讒訴《ざんそ》を受けて、代官所の上部機関である江戸の勘定所から六年間もの長期にわたる取り調べを受けることになり、やっと長部村に帰されたが、その直後に自殺している。

これは天保八年（一八三七）に大坂で大塩平八郎の乱が起こったことと無縁ではなかったろう。大塩の乱には多数の窮民も参加したが、幕政そのものへの民衆の蜂起は初めてのことであった。それまでの大名領での百姓一揆とは性質が違うようだと脅えた幕府は、民衆の蜂起につながるかもしれない動きに神経質になった。だから、たかだかヤクザの告発に乗って大原幽学を召喚したのではないか。

一方、石田梅岩は貞享二年（一六八五）生まれで、商人の道で自助努力の生き方を教え、自らも実践した代表的な指導者である。

石田梅岩は、町人思想の集大成である「心学《しんがく》」の開祖となった人であり、主として京大坂の町人たちに大きな影響を与えた。彼は、「生まれながらの身分に上下はあっても、職業上、人は平等である」という機能的平等観を主張し、「商人には商人の道があり、これを正しく踏み行なうことは天の道に通じる」と商人の商業活動を肯定している。

ちなみに、「正しく踏み行なう」とは、「正直に商いをして、そこで得た利は広く衆に及ぼす」ということである。

事実、石田梅岩の孫弟子にあたる中沢道二《どうに》は江戸に出て心学を広めると同時に、佃島の人足寄場の収容者たちの教化事業に力を尽くしたり、また、「陰徳箱」を設置して浄財を集め、それを経済困窮者の小児教育費に充てることで農村での間引きの弊を減少させようと努めた。

石田梅岩やその教えを学ぶ人たちのなかには、至誠も積小為大（浄財を集める）も、さらには勤労も推譲も見て取れる。

江戸思想史の研究者のなかには、

「石田梅岩は町人（商人）思想の代表者で、二宮尊徳は農民思想の代表者である。分野は違うが、この二人はほぼ同じことを考え、実行した」

と解説する人がいるが、私もそのとおりだと考える。

しかしなぜ、尊徳の思想の広がりと後世への影響力は、梅岩と比しても勝るとも劣らないものとなったのだろうか。

その大きな要因は、尊徳には、報徳の思想や仕法を後世に伝える大きな役割を果たした弟子たちがいたことであろう。言い換えれば、尊徳には有能な弟子たちを育成する力があった、ということである。

尊徳の後を継ぎし者たち

尊徳の後を継ぐ者、つまり報徳実践の後継者としては、まず「四大人」といわれる富田高慶、斎藤高行、福住正兄、岡田良一郎が挙げられる。いずれも尊徳のもとで直接指導を受け、二宮塾での修行年限も長く、仕法をサポートするなど実績も多い。報徳思想を幕末明治以降の後世に伝えるうえで重要な役割を果たした人々である。

ここでは、尊徳亡き後、報徳思想・報徳仕法を受け継ぎ発展させた門人たちを紹介しよう。

《富田高慶》

富田高慶は、文化一一年（一八一四）、相馬藩士斎藤嘉隆の次男として生まれる。高慶は一七歳の頃、相馬藩の苦境を救う志を立て、江戸に出て、屋代弘賢《やしろひろかた》に学んだ。また、昌平黌（東京大学の前身）の儒官であった依田源太郎左衛門の塾生となったが、高慶は満足するに至らなかった。

その後も色々な学者を訪ねたが、国家の哀廃を復興する法は容易には得られなかった。

高慶は一〇年間苦学を続けた結果、病気となり、磯部弘道という医師の診察を受けたのだが、これが運命的な出会いとなった。弘道の門人に奥田幸民という人がおり、幸民から自分の郷里に近い桜町領に二宮尊徳という人物がいて、復興に大きな成果を上げていることを耳にしたのである。

高慶は、「これぞ、自分の求める師」と感動し、荷物をまとめ桜町へと向かい、尊徳に入門を乞うたのである。

しかし、尊徳は「自分は多忙で、学者なんかに会っている暇はない」として、面会すら許されなかった。そこで、高慶は近傍で寺子屋を開き生活の糧としながら、桜町陣屋を訪れ、入門の機会を待ったところ、三カ月経ってようやく面会を許された。

このとき、尊徳が高慶に「豆」という字を書かせたという有名なエピソードがある。尊徳は高慶に「その豆を馬に食べさせてみよ」といったが、紙に書いた豆を馬が食べるはずはない。つまり、尊徳は、学問や理屈だけで人を救うことはできず、至誠と実践が大事であるということを高慶にいいたかったのだ。

とにかく、高慶はこうして尊徳の門下生となり、師弟は一心同体で仕法実施に従事することとなった。高慶は気質が厳粛なことや、学問の深さから数多い門弟中の重鎮となり、尊徳没後は、長男尊行を助けて報徳仕法実践の中心となった。

《斎藤高行》

もう一人、尊徳に師従した有能な相馬藩士がいる。斎藤高行である。

高行は、文政二年(一八一九)、相馬藩士斎藤完高の長男として出生した。ちなみに高行の父・斎藤完高は、先に見た富田高慶の実兄である(すなわち斎藤高行は富田の甥にあたる)。完高は「今孔子」と称される人物であった。この一門一家には忠勤・剛直・勉学の気風がみなぎっていたらしい。

高行は俊英の誉れ高く、早くから頭角を現していた。

富田高慶が相馬で仕法を実施するため帰郷することになったので、その後任として尊徳に入門が許されたようだ。二七歳のときであり、尊徳は五九歳であった。その後、尊徳に随身する形で仕法実施に尽力し、著書に流麗な筆致の『二宮先生語録』がある。

《**福住正兄**》

福住正兄は、文政七年（一八二四）、前述した相模国片岡村（現・神奈川県平塚市片岡）の名主・大澤市左衛門の五男として生まれた。幼時から学習の機会に恵まれ、一四歳の頃には四書五経を終えた。ただ、人生の志が定まらず、農業にも精励したが希望を見出せず、そこで医者になって世の貧民を救おうと考え、父に相談した。すると、こう助言されたそうだ。「真に世のために尽くそうとするなら、世を救う医者になればよい。幸い身近に世を救う大医・尊徳先生がおられる。入門して勉強すればよい」

ここで一生が定まった。正式に入門したのは正兄二二歳、尊徳五九歳のときである。

当時、尊徳は幕臣登用直後で、富田や斎藤などの先輩は仕法の雛型《ひながた》作成に余念がない多忙な時期で、直接、教えを乞うという機会に十分恵まれなかった。そこで、先輩の行ないを見てそれに習うという生活を続けたようだ。

具体的には、尊徳の身辺の世話から浄書や起草に努め、尊徳の巡回指導にもすべて随行することとなった。

二七歳のとき、尊徳の元を離れ、箱根湯元の福住家の家政直しのため婿入りし、名を福住九蔵と改めた。福住家の家督を譲ってからは、正兄と名乗った。尊徳亡き後、報徳思想の継承と発展に向けて報徳運動を導いたことは高く評価されよう。

『富国捷径』『二宮翁道歌十首解』など数多い著作があるが『二宮翁夜話』は最高の名著である。

《安居院《あぐい》庄七《しょうしち》》

安居院庄七は、寛政元年（一七八九）、相模国秦野の先導師（御師）秀峰の次男として生まれた。生家のあった現在の神奈川県秦野市蓑毛の西には丹沢の山々が連なり、北側は大山阿《あ》夫利《ふり》神社がある。

庄七は若い頃は修験者として修行していたようだが、その後、近くの曽屋村の穀物商を営んでいた安居院家の養子となった。

庄七はもともと好奇心が旺盛でヤマ気があり、米市場で失敗し無一文となってしまう。ここまでは、報徳思想のかけらもない男だった。

桜町の尊徳には金を借りに行ったのがそもそもの出会いである。

もちろん、尊徳が会うはずがない。尊徳の話を直接聞くことができず、庄七は尊徳が門人や来客に語る話を伝え聞いて原理を会得し、やがて態度が一変して秦野へ帰る。

その後、家業を再興することになるが、その商法の基本は尊徳の教えにある「元値商い」であった。「元値商い」とは、仕入れた米を原価で売る方法である。もちろん安いから多くの客がやってくるが、原価で売るのだから利益は出ない。しかし、空の米俵や米の糠《ぬか》、こぼれた米などを売って、そこから利益を得るのである。

その後庄七は、尊徳の教えの正しさを知り、世に広めることを自らの任務と定め、家を出て行脚の旅に発つ。その指導は評判となり、かかわった農村は豊かとなり、各地に「報徳社」を作っていった。名主や村役人を中心とした農民独自の結社であったが、推譲金を積み立て、困った仲間に無償貸し付けするなど、報徳仕法そのものだった。やがて、遠州掛川まで足を延ばし、岡田佐平治と出会う。報徳思想を報徳運動へとつなぐ、重要な役割を果たした人物である。

《岡田良一郎》

報徳の思想や仕法の東海各地への普及に大きな功績を残したのが岡田親子である。

岡田良一郎は、安居院庄七を継いで報徳運動の後援者となった人物で、後に「遠江国報徳社」の社長となった岡田佐平治の長男である。岡田佐平治とともに尊徳を訪れ直接指導を受けたが、父は高齢ということもあり同行した良一郎（当時一六歳）を入門させた。尊徳は六八歳であり、良一郎への指導は尊徳の息子の弥太郎（尊行）があたった。

良一郎は二年間「二宮塾」で学び、帰郷する。

明治へと移る変動期のなかで、佐平治とともに尊徳親子からの教えをもとに、報徳運動を実践していく。そして、明治八年（一八七五）、遠州地方に数百社あった報徳社を一つにまとめ、「遠江国報徳社」を創立し、佐平治が初代社長となった。

良一郎は、報徳運動の中核的役割を果たすほか、民権運動家としても知られ、明治二三年（一八九〇）に衆議院議員となり、政治家としても活躍した。

《福山滝助》

福山滝助は、文化一四年（一八一七）、相模国小田原の古新宿の菓子屋に生まれた。本名は里見多喜蔵という。四歳のときに父が死亡し、母とともに苦労して育った。製造した菓子を背負って売り歩くうち、小田原藩重臣の用人から桜町や小田原での報徳仕法を聞くことになる。多喜蔵は感動し、天保一四年（一八四三）、小田原で報徳社が結成されると、志願して加入した。

多喜蔵が尊徳に面会したのは、二年後、江戸藩邸であった。多喜蔵は四五歳で家督を譲り、名を滝助と改める。

その後、小田原や近辺の報徳社の活動に力を尽くし、やがて遠州報徳社の庄七の没後、指導者として招かれた。滝助は以後、二宮尊親や富田高慶と連携を図りながら、七七歳の生涯を閉じるまで尊徳直伝の結社仕法の継承発展に身を捧げた。

《二宮尊親》

二宮尊親は、尊徳の長男・弥太郎と三宅頼母の長女・鉸《こう》の間の子として、安政二年（一八五五）、日光今市に生まれた。すなわち、尊徳の孫にあたり金之丞と名付けられる。尊徳六九歳のときであった。

孫を報徳思想の継承者の一人に挙げるのはどうかと思う人もおられるかもしれないが、資格は十分である。

慶応四年（一八六八）、明治維新となり、一族とともに日光今市を去って富田高慶の地元である相馬に移転していった。

明治一〇年（一八七七）、相馬仕法が継続困難となったため、高慶は結社による報徳仕法の復興をめざし「興復社」を設立する。社長は高慶で、副社長が尊親であった。この頃から高慶の跡継ぎの役割を果たすようになった。そして、前述した明治三〇年（一八九七）の北海道開拓へと続くわけである。

尊親は相馬で、次のような告別の辞を残している。

「わが報徳の道は、祖父尊徳にはじまって諸州に行なわれた。二宮家が直接施行した興復の方法は、小田原から始まり、桜町、烏山、日光、下館、そして相馬と、日本の文化も西から東へ開けたように、東北に漸進していく。北海の原野にわが道が行なわれるのは決して偶然ではない」

尊親は祖父尊徳と同じように「一家を廃して、万家を救う」道を選択したのであった。

《大友亀太郎》

報徳仕法による北海道の開墾を語るとき、もう一人忘れてはならない人物がいる。大友亀太郎である。

亀太郎は天保五年（一八三四）、相模国足柄下郡西大友（現・神奈川県小田原市）の農家に生まれた。亀太郎は勉強好きで、自宅が尊徳の生地である栢山とは一里ほどの地だったので尊徳を敬慕する気持ちが強くなり、二二歳のとき家督を弟に譲り、日光へ旅立ち、待望の尊徳門下生となった。

尊徳は亀太郎を土木技術者として活用した。尊徳が病身のため、報徳思想は富田高慶から学んだという。やがて亀太郎は、第一四代将軍家茂公に召し抱えられ、幕臣として安政五年（一八五八）、函館に着任することになる。

亀太郎は函館奉行の下、函館開拓や蝦夷地開拓、さらには石狩平野開拓に一〇年以上にわたって取り組み、大きな足跡を残している。

維新後は、蝦夷地の開拓は開拓使の仕事となったため、亀太郎は明治三年（一八七〇）、北海道札幌を去る。明治七年（一八七四）、郷里小田原に戻り、その後、数多くの公職に就き、地域の発展に多大な尽力をしたが、明治三〇年（一八九八）逝去した。

これまで八名の尊徳の門弟、つまり、報徳運動の後継者を紹介してきたが、彼らのほかにも、尊徳に直接間接に教えを乞い、各地で運動を展開した人材は数多く存在したに違いない。そうでなければ、報徳思想や報徳仕法が、これほど全国各地に広まらなかったであろう。

このような展開につながった理由の一つは、もちろん尊徳の教育者としての実力や、実践家としての魅力であろうが、しかしもう一つの理由として、報徳思想・報徳仕法そのものが極めて合理的で魅力的なものだったことが挙げられるだろう。

この二つの要因が合体したからこそ、報徳運動は時代を超えて、各地に普及し、不滅の価値に昇華したのである。

福沢諭吉と二宮尊徳、実学重視の啓蒙思想家

幕末から明治にかけて、欧米に学び日本の近代化を指導した啓蒙思想家、福沢諭吉。江戸時代の封建社会のなかで、農村改革を指導した改革実践者、二宮尊徳。

この二人の生きた時代は一部重複するが、互いに遠く離れた存在であったと考えるのが普通であろう。しかしながら、この二人の哲人には驚くほどの共通項が見られる。どこかに接点があったのではないかと考えるのは、私だけではないはずだ。

二宮尊徳の高弟である福住正兄と福沢諭吉は、箱根の福住旅館で知り合い、意気投合し、

箱根の開発を推進した。そして、福沢諭吉の弟子である山口仙之助が富士屋ホテルを創業し、箱根が国際リゾートとして発展していった。

その際、福沢諭吉が福住正兄に『学問のすゝめ』の初版本五冊を贈った事実が知られているが、私はその逆もあったのではないかと考えている。つまり、毎年のように箱根を訪ねた福沢諭吉に対して、福住正兄からも『報徳道しるべ』『二宮翁夜話』『富国捷径』などの著書が送られ、二宮尊徳の話が伝わっていた可能性が高いのではないかと思うのだ。

そう思えてしかたがないほど、福沢諭吉の思想・哲学は、二宮尊徳の報徳思想・報徳仕法と共通点が多い。

福沢諭吉と二宮尊徳の共通項の第一は、「実学の重視」である。

諭吉は『学問のすゝめ』で、「今かかる実なき学問は先ず次にし、専ら勤しむべきは人間普通日用に近き実学なり」と説くように、教育や学問は実生活に役立ってこそ初めて意味をなすのであって、学問のための学問などというのはまったく評価できるものではないと考えていた。

一方、尊徳は、学者と坊主が嫌いだった。坊主は現実を無視して来世のみを説く。学者は人の説を右から左に受け売りするだけの徒と決めつけた。いくら四書五経を学んでも、現実を直視し、それを改革するために行動しなければまったく意味がないと訴えている。

二つ目の共通項は、「数理を重視する合理性」である。

諭吉は『福翁自伝』のなかでこう述べている。「東洋の儒教主義と西洋の文明主義を比較して見るに、東洋になきものは、有形において数理学と、無形において独立心と、この二点である。（中略）近く論ずれば今のいわゆる立国の有らん限り、遠く思えば人類のあらん限り、人間万事、数理の外に逸することは叶《かな》わず、独立の外に依《よ》るところなしというべきこの大切なる一義を、わが日本国においては軽く視《み》ている」

これにはまさに、数理を重視する報徳仕法、実学の実践された形である報徳仕法に通じるものを感じる。

三つ目の共通項は「独立心の尊重」である。

諭吉の教育の大きな目標は、慶應義塾の『修身要領』にもあるように、独立心の養成である。「独立自尊」という言葉は有名だが、国家の独立のためには国民一人ひとりの独立が不可欠という意味だ。

「自ら労して自ら食《くら》うは、人生独立の本源なり。独立自尊の人は自労自活の人たらざるべからず」

この諭吉の言葉は、尊徳のいう「心田開発」に相通じる。

「わが道は、人の心という田畑を開墾することとなり、心の田畑さえ開墾できれば、世界の荒地を開くことは難からず」

尊徳の心田開発と諭吉の独立自尊は、言葉は異なるが、他に依存しない独立した人間を育てなければ社会は発展しないという思想は共通のものである。

ギャレット・ドロッパーズ――尊徳と諭吉の結び目

さらに、諭吉が尊徳の影響を受けている、と私が確信するもう一つの理由がある。それは、ギャレット・ドロッパーズという人物の存在である。

ギャレット・ドロッパーズといっても、ほとんどの読者の方はご存知ないと思う。

渡米・渡欧の後、中津藩の江戸藩邸で開いていた蘭学塾を「慶應義塾」と名前を改め、教育活動に専念してきた福沢諭吉は、明治二三年（一八九〇）に、ついに大学部を開設することとなる。

その際、世界的な知見を有する専門教員の派遣を諸外国に求めたが、ハーバード大学学長がその依頼に応えて派遣したのがドロッパーズである。

ドロッパーズは一八六〇年、アメリカのウィスコンシン州ミルウォーキーで生まれた。ハーバード大学を卒業した後、ベルリン大学で学んでいた彼は、諭吉の招聘《しょうへい》により明治二二年（一八八九）に日本の地を踏む。

それから九年間、彼は慶應義塾理財科（現在の経済学部）で教鞭を執るかたわら、日本の政治、経済を観察し研究を続けた。

ドロッパーズの研究成果の一つに、一八九四年に発表された「日本の信用組合とその創立者（A Japanese Credit Association and its Founder）」という論文がある。

少し長くなるが、この論文から一部を引いてみたい（『福沢諭吉と三人の後進たち』西川俊作、日本評論社より）。

「報徳社はもっぱら社会（共同体）の経済的利益に向かうものではない。富の正当な分配は目指すべき目的の一つではあるが、しかし結局のところ体制《システム》の一要素にすぎない。報徳社が真に狙っているところのものとは、個人をして思いのままに向上し満足させるような社会の組織《アレンジメント》なのである。嘘をつかず、正直であり、誠実、勤勉をすべて合一させるのである。報徳社は私が協力的信用組織と呼ぶものであり、その含意は二宮尊徳の見解にあっては協力こそ真の社会の実現に必要である、ということにある」

「報徳社のような組織のなしうる善行がただ、たんに金額の大小で測れるものでないことは、忘れてはならない」

「報徳社は人民の利益を一致させ、社会の紐帯を緊密化し、ゆるやかにではあるが、人類の兄弟愛をうちたてるという、偉大な目標に役立つのである」

いかがだろうか。明治期の日本に来てわずか五年の米国人学者が、尊徳の思想についてこれだけ深く理解し、ほとんど諸手を上げてといっていいほど絶賛している。

ドロッパーズはこの論文のなかで分度論、推譲論を詳しく説明しつつ、報徳仕法の方法論とその成果を解説している。彼が『報徳記』や『二宮翁夜話』の中身を適格に吸収して見事に表現しているのには驚かざるをえない。

証拠は見つけられていないが、勉強熱心な諭吉がドロッパーズから、直接、尊徳に関する研究成果を学んでいたことは、十分に考えられることである。あるいは、ドロッパーズの研究テーマとして尊徳を推薦したのは諭吉だったのかもしれない。

日本の近代の発展に大きな影響を与えた啓蒙思想。日本的な農村社会から生まれた二宮尊徳と西洋的近代社会をめざす福沢諭吉、この二人のルーツはまったく異なる。しかし、この二人の哲人が合理的実証主義、自由民主主義の思想・哲学に帰結したのは、この時代にあっては偶然ではなく必然だったとも考えられる。

ドロッパーズという一人の外国人教師が、二人の哲人の結び目の一つとなっていることに、歴史の縁《えにし》を感じざるを得ない。

なお、ドロッパーズは一八九八年末に帰国し、一八九九年からサウス・ダコタ大学の学長となった。その後、一九一四年からはウィルソン大統領の要請でギリシャおよびモンテネグロの特命全権大使に就任し、六年の長きにわたって手腕を発揮した。

さらに、一九二六年には、慶應義塾からの再招聘に応えて来日したが、持病の悪化により翌年、米国で亡くなった。

ドロッパーズは自伝のなかでこう述べている。

「日本における経験を語れば長いものになる。私が過ごしたそこでの九年間は私の人生のうちでもっとも幸福であり、また興味深い時期であった」

彼の「幸福な九年間」の思い出のなかには、報徳思想との出合いも含まれているに違いない。

戦後、二宮尊徳を称揚したGHQ高官

尊徳の評価は第二次世界大戦前後で大きく変わってしまった。

戦前は、「手本は二宮金次郎」と持ち上げられ、逆に戦後は、軍国主義の手先であるかのように扱われる始末となった。戦争に突き進んだのは、戦前の修身道徳が原因とされ、その象徴として金次郎像まで追放される有様だった。

たしかに終戦後、アメリカ占領軍は、戦前の日本の教育制度や教育内容をほぼ全否定する政策を推進した。そして軍国主義を招いた精神主義の元凶として、修身や道徳教育も排除された。

だが実は、GHQ（連合国軍総司令部）の民主化政策のなかで二宮尊徳そのものが追放されたという見方は間違いなのである。

戦前のすべてを否定するという風潮のなかで、尊徳再評価の狼煙を上げたのは、なんとGHQ民間情報教育局新聞課長、D・C・インボーデン少佐であった。彼は尊徳の業績について研究した後、「二宮尊徳を語る——新生日本は尊徳の再認識を必要とする」という論文を、雑誌『青年』昭和二四年一〇月号に掲載した。その卓見極まる内容を、少し長くなるが紹介したい。

「民主主義というものは、個人が誤りのない理性とはげしい人間愛をもって真理を追求するとき、必ず到達する唯一絶対の結論であるということである。これは人種、国柄の如何を問わない。一口に封建時代と片づけられてしまう日本の過去の歴史の中にも、そうした真理追求のために身を挺した人物が幾人かはいるのである。その一人尊徳二宮金次郎こそは、近世日本の生んだ最大の民主主義的な——私の観るところでは、世界の民主主義の英雄、偉人と比べ、いささかのひけもとらない——大人物である。祖先のうちにこのような偉大な先覚者をもっていることは、あなたがた日本人の誇りであると共に、日本の民主主義的再建が可能であることを明確に証明するものであろう。私は、日本に来て、その歴史にこの人あるを知り、地方によってはその遺業がさかんにうけつがれているのをまのあたりに見て、驚きと喜びの情を禁じえない」

そして、尊徳の偉大さを次のように表現する。

「ひとり営々として富を貯え、地位を築きあげた人の話は、われわれのしばしば耳にするところである。二宮尊徳の教えるものは、そうしたいわば利己的な立身出世主義ではなく、社会人として踏み行うべき一つの大道である。すなわち『いかなる人もこの世に生をうけ、生を保っていられるのは、天と地と人のおかげである。したがってその宏大な恩に報いる手段として、人は生ある間、勤勉これ努めねばならぬ』これが尊徳の主張し、かつ自ら実践した報徳の教えであって、彼の主義と、その主義から生れた経済の方法――というより一種の道徳にもとづく社会政策――は、死後一世紀に近い今日なお一部地方農村の指標となり、他の町村では見られない立派な効果をおさめている」

「真理への道はただ一つ。儒教も、仏教も、道教も、神道も、或はまた基督《キリスト》教も、この唯一無二の真理にいたる道の数多い入口に他ならない。当時は民主主義という言葉はなかったが、真理を尊ぶ彼の思想の底には、今日いわれる民主主義の本質的な精神が脈々と波打っていたことがうかがわれる」

こうして尊徳の偉業を高く評価した少佐は、続けてこう言い切っている。

「尊徳のこの考え方と、われわれ米国人が民主主義の基礎と思っている独立宣言書の核心との間に、いささかの開きも私には認められない」

さらに、力強く論述する。

「人は自分の我を尊ばんとするならば、まず第一に他人の我を尊ばねばならない。自由とはそうしたものなのである。真の自由主義者とは、奉仕と犠牲の精神に燃えて、しかも真理のためには一歩も譲らない人をいうのである」

そして、最後に「真理は時代を超越して永遠に生きるもの」として、こう結んでいる。

「尊徳の教えは、前々もいった如く、あなたがた日本の青年男女諸君の耳に、たこが出来るほど聞きあきた、古くさい、陳腐なお説教と響くかもしれない。若い人たちは、いつでも何か新しいもの新しいものと目を走らせ、耳をそばだてたがるものである。

だが、もしあなたがたが熱心に真理を求める人であるなら、いやしくも真理に関しては、婦人服の流行のように、新しいとか、流行外れだとかいうことはない。真理というものは、時代を超越して、つねに、しかも永遠に、生々とした力をもっていることを知るだろう」

「尊徳の事業は、その精神において深遠なものであったが、武士に非ずんば人に非ずとされた封建時代に農夫と生れ、農夫として立ったため、後で大小の藩から財政建直しの顧問や、指導者として起用されたが、その手腕を大きく存分に振ったとはいえない。しかし彼の人格と遺志は全国日本人の間にまだ残っているはずである。彼が数ヶ町村、或は二三の藩の復興に試みた方法を、今日拡大発展させ、あなたがたの祖国日本再建のため用いることは、あなたがたの義務であると同時に権利でもあろう。

三百年にわたる、かの徳川封建時代の暗雲を高く貫き、ひとり富士のごとくに孤高を描く尊徳二宮金次郎こそは、日本の現状において再認識さるべき第一の偉人であると私は考える」

何という卓見であろう。二宮尊徳という人物の神髄を、実に見事に表している。戦勝国アメリカがGHQ占領体制の下で、戦前の日本の軍国主義的体質を一掃しようとしているとき、そのGHQの一員が尊徳をここまで研究し称賛していたとは驚くほかない。日本人が捨て去ろうとしていた宝物を捜し出し、その偉大な価値を再び提示してくれたのが、米国人インボーデン少佐であった。

「二宮尊徳はアメリカのリンカーンにも比すべき人物である」

この論文を著す三年前の昭和二一年（一九四六）六月、インボーデン少佐はマッカーサー司令官の了解も得て、静岡県掛川の大日本報徳社を訪れている。そこで、報徳思想や報徳仕法について説明を受け、質疑応答が行なわれた。最後に少佐は、こう述べたという。

「二宮尊徳はアメリカのリンカーンにも比すべき人物である」

「日本に二宮尊徳のような偉大な人物がかつて存在し、報徳社のようなすぐれた組織が現に存在するということは驚きであると同時に実に頼もしいことだ」

「自分は日本に来て何物も得ずに終わるかと失望していたが、報徳の業績を見聞し、二宮尊徳の如き偉人を見出したことは、愉快に堪えない」

その年の九月、小田原で開催された「尊徳一六〇年記念祭」には、夫妻で参列したという。インボーデン少佐のGHQのオフィスには、尊徳の座像が置かれていたそうだ。

GHQの高官であるアメリカ人が二宮尊徳を絶賛し、「リンカーンにも比すべき人物である」と述べたという事実に戸惑いを覚えた方もいるかもしれない。だが、イギリスやアメリカで発展した哲学が経験論哲学であり、功利主義哲学であることを思い起こせば、彼らが二宮尊徳を称揚することが決して不思議なことではないことがわかる。

功利主義という訳語は別の意味に誤解される可能性もあるので、最近では公益主義という訳語も用いられている。要するにプラグマティズムである。現実とのかかわりの濃い哲学であり、イギリスに芽生えた自由主義や民主主義思想の根底でもある。

一八七〇年代にプラグマティズムという言葉を初めて使ったとされるチャールズ・サンダース・パースや、前述のドロッパーズが傾倒したウィリアム・ジェームズらによって、イギリスの植民地として出発したアメリカ合衆国に伝えられ、そこでも多くの良きプラグマティズム哲学の巨人を生んだ。

たとえば、ベンジャミン・フランクリンである。凧を上げて雷が電気であることを実証した科学者であり、アメリカの独立運動の重要な担い手であり、新聞人であり、勤勉・勤労を旨とした優れた経済人であり、社会貢献を重視した良き市民。まさにプラグマティズム哲学の巨人である。

開拓地の丸太小屋に生まれ、刻苦勉励して弁護士になり、後に大統領になって奴隷解放を成し遂げたリンカーンも、フランクリンにつながるプラグマティズム哲学の巨人にほかならない。

注目すべきは、「フランクリンが優れた経済人であり、同時に良き市民であった」ということであり、リンカーンの場合なら「優れた政治家であり、同時に良き市民であった」ということになる。これは、「経済を伴わない道徳は戯言である。道徳を伴わない経済は罪悪である」という前述の「道徳経済一元論」と通じる精神であろう。

アメリカには、こうした良き知的伝統が脈々と伝わっている。GHQの一員として来日したインボーデン少佐は、この事実に気がついたに違いない。

だからこそ、尊徳の理念に親近感を抱き、「二宮尊徳は、リンカーンにも比すべき人物である」という表現が生まれたのであろう。

マーガレット・サッチャーと石橋湛山の尊徳評価

尊徳の思想とプラグマティズムとの間に親和力が働いていることは、英米人、あるいは英米流の自由主義を信奉する日本人のなかに、尊徳に共感する人物が数多く見られる事実からもわかる。

たとえば、イギリス首相だったマーガレット・サッチャーである。

サッチャーは一九七九年から一九九〇年までの一一年半にわたり、英国の首相を務め、「英国病」にあえぐ経済の立て直しを図ってきた名宰相だが、そのサッチャーが訪日した際、大日本報徳社が静岡県内で、『二宮翁夜話』の英訳本をプレゼントしたところ、サッチャーは大変喜んだという。

その後、次のような手紙が送られてきたそうだ。

「政治とは人間の心と同意義だということです。政治は単なるロジックでやってはいけません。ロジックだけで人間性がなかったら、政治はただの卑しい権力争いになってしまいます。人間性とは愛であり、愛とは忠誠心、奉仕の心、許す心、見返りを求めず与え続けること。すなわち、推譲です。二宮翁は、仕法は心田の開発からといわれました。私は、英国病克服は英国民の歴史的魂を呼び覚ますことからという信念をもって一一年半努力してまいりました。そして、大英帝国の誇りは永遠のものとなりました」

また、東洋経済新報社のジャーナリストから政界に転身し、戦後総理大臣まで務めた自由主義者石橋湛山も二宮尊徳を高く評価した政治家の一人だ。

湛山は尊徳を次のように語っている。

「二宮翁は一般には勤倹と勉強とで知られている人物だが、私が特に翁をえらいと思うのは、その思想で、徳川時代の日本においては、珍しいというよりは、驚くべき自由主義に立脚していたことである。たとえば、『二宮翁夜話』の第一ページには『夫《そ》れ我が教へは書籍を尊まず、故に天地を以て経文とす』とある。いかなる聖人君子の教でも、自己の判断において納得しがたきものは用いない、というのが翁の思想である。これは当時としては、正に革命的思想である。そういう大胆なる自由思想に、翁はだれに教わったのでもなくみずから到達したのである」（「二宮尊徳翁と福沢諭吉翁」『時局』昭和二八年一一月一日発行号）

湛山はさらに、私と同じように尊徳と福沢諭吉を比較し、その共通点を指摘している。両方ともに「自由思想家」とし、「自ら実行しうる確信のある主張でなければそれを唱えてならぬ」という福沢の主張を引きつつ、「きわめて実行的であった」進歩的思想家としての尊徳の生き方に共感・傾倒している。そして、「そういう思想家が今日のわが国にほしいのである」と結んでいる。

この石橋湛山の評価こそが、二宮尊徳の真の姿だといっても過言ではあるまい。

第七章　尊徳を師と仰いだ日本資本主義の立役者たち

尊徳の教えの継承を語るとき、特筆すべきは明治以降、日本の近代化や経済発展を切り開いてきた実業家・経営者の存在である。日本独自の資本主義経済を創りあげた偉大な経営者たちの多くが、実は二宮尊徳の信奉者であり、彼らの経営理念・哲学は報徳思想や報徳仕法に大きな影響を受けている。

なぜ、偉大な実業家、経営者の多くが二宮尊徳を師と仰ぎ傾倒していったのか。

ヨーロッパで資本主義が発展した背景について、よく、ドイツの社会学者マックス・ウェーバーの『プロテスタンティズムの倫理と資本主義の精神』が取り上げられる。一言でいえば、プロテスタンティズムの勤労に価値を置く倫理性が欧米の資本主義の発展に寄与した、という議論である。

同じように明治以後の財界の指導者たちにとって、「経済を伴わない道徳は戯言であり、道徳を伴わない経済は罪悪である」という「道徳経済一元論」、さらに「至誠」「勤労」「分度」「推譲」という思想と仕法は、日本型資本主義経済を発展させる精神的バックボーンとなったのだと私は考える。

この章では、明治、大正、昭和にかけて、報徳の実践を自らの経営理念に活かし、時代を動かした偉大な実業家たちの人物像を紹介しよう（二宮尊徳生誕二百年記念事業会報徳実行委員会編『尊徳開顕』所収、村松敬司「日本近代産業の指導者と報徳」などを参考にさせていただいた)。尊徳に勝るとも劣らない破天荒力を発揮した生きざまである。

国家のために報徳仕法を実施したい――日本資本主義の父・渋沢栄一

尊徳の思想を受け継いだ財界人の第一人者は、なんといっても渋沢栄一であろう。

渋沢は天保一一年(一八四〇)武蔵国血洗島村(現・埼玉県深谷市)に生まれ、五歳の頃から父に読書を教わり、七歳のときには四書五経を学ぶ勉学に優れた少年だった。

その後、京都に出て一橋慶喜に仕える機会を得て、慶喜が将軍に就くと幕臣となる。そこでパリ万国博覧会に随員として訪問する幸運に恵まれ、フランスのみならずヨーロッパ各国を視察した。そのときにヨーロッパの資本主義社会の活力に圧倒される。この経験が渋沢の実業家としての活動の源となった。

帰国後、渋沢は、大隈重信に請われて大蔵省へ入省し、井上馨の部下として財政改革を推進していた。そんなある日、突然、西郷隆盛の訪問を受けた。

「大蔵省では相馬藩の興国安民法(尊徳の報徳仕法)を廃止しようという意見であるそうだが、興国安民法は二宮尊徳以来の藩是で、至極適切な制度であると思う。このせっかくの良法が廃藩置県の実施によって廃絶せしめられるのは惜しいから、貴公の計らいで、なんとか存続できるよう取り計らってもらえないだろうか」

実をいうとこの依頼は、相馬仕法の中心人物であり尊徳の高弟であった富田高慶が、報徳仕法すなわち興国安民法存続のために、参議の実力者である西郷に泣きついたのである。

これに対して渋沢は、報徳仕法については前々から興味をもって調べていたので、こう答えたそうだ。

「二宮先生の遺された興国安民法は、要するに、入るを量って出るを制すの道にかなった、まことに結構な制度であります。したがってこの制度を引き続き実行すれば、仰せのとおり、相馬藩は今後ともますます繁栄するでしょう。しかし、今日の時勢は、相馬一藩における興国安民法の存続を顧慮するよりも、さらに一歩進めて国家のために興国安民法を講ずるのがいっそう急務であると信じます。われわれ大蔵当局は、実にこの興国安民法を全日本に実施したいと切望し、日夜苦心努力している次第であります」

この返答から察すると、渋沢は若い頃から報徳仕法を高く評価し、できれば日本中に広めたいと考えていたことは間違いない。しかし残念ながら西郷はその後下野してしまい、報徳仕法が明治政府の政策として実行されることはなかった。

さて、その後も渋沢は大蔵官僚として辣腕《らつわん》をふるい、度量衡《どりょうこう》制定や国立銀行条例制定などに携わる。しかし、予算編成をめぐって大久保利通や大隈重信と対立し、明治六年（一八七三）に井上馨とともに退官した。

民間人となった渋沢は、資本主義の形成と発展に絶大なる貢献をしていく。日本銀行創立の中心人物として大活躍したのは有名な話だ。さらには実業家として、第一国立銀行、東京海上火災保険、王子製紙、東京ガス、キリンビールをはじめ、生涯に五〇〇社近くの民間会社の設立にかかわっていく。

また教育の面でも、東京専門学校（現・早稲田大学）や慶應義塾、日本女子大、商法講習所（現・一橋大学）など、多くの学校設立において、主に資金面で協力していった。

渋沢の生涯を貫いていたのは『論語』の精神と経済活動である。いわゆる「論語算盤説」である。

「商業において絶対に忘れてはならないことは『公益』と『私益』のあり方についてである。ややもすれば世界では、商業は私益のためという解釈が一般的とされているようだが、これは間違いである。商業における公益と私益は一つである。公益はすなわち私益、私益はすなわち公益、私益よく公益を生ず。公益となるほどの私益でなければ、真の私益とはいえぬ」

　これが「論語算盤説」のいわんとするところであり、商業を経済と言い換えれば、尊徳の「道徳経済一元論」と相通じるものがある。

　渋沢は報徳思想の四つのキーワード、「至誠」「勤労」「分度」「推譲」について、次のように述べている。

「至誠は、何をやっても必ず基礎とならねばならぬもの。至誠は実に大きな力で、至誠をもって事にあたるときは、単に知力、武力をもってするよりも幾倍効果がある」

「勤労は、人間としては欠くべからざる要件であると思う。私などは当年七二歳になるが、この年までただの一日寸暇といえども呆然として暮らしたことはない。元来、人は働くために生まれたものである」

「分度とは分限を守ることである。奢侈に傾かぬよう気を付けるのである。若し分限を超ゆる時は一身一家も破滅の基であり、一国滅亡の端緒である。呉々も自己を能く理解し置かねばならぬ」

「推譲については、如何に自ら苦心して築いた富でも、自己一人の専有だと思うのは大いなる見当違いだ。人は唯一人では何ごともできない。国家社会の助力によって自らも利している。もし国家社会がなければ、何人も満足しこの世に立つことは不可能である。これを思えば、富の度を増せば増すほど社会の助力を得ているのだから、この恩恵に報いるのに救済事業を以ってするごときは当然の義務で、できるかぎり社会のために協力しなければならぬと思う」

このように、渋沢栄一は明治の近代国家建設の時代にあって、道徳と経済の調和が大切であると論じ、二宮尊徳の思想を後世の経済・産業人に広く伝えた一人であった。

翁の教えで私は分限者になりえた——気骨あるバンカー・安田善次郎

渋沢栄一より二歳年上ながら、同じように尊徳の教えを生涯自らの事業に活かし続けたのが、安田善次郎である。

天保九年（一八三八）、安田は富山藩の下級武士の子として生まれる。尊徳に似て少年時代から向学心が強く、野良仕事に行くときも書物を懐に入れ、暇さえあれば読書し、夜は布団のなかで天井に向かって字を指で書き覚えたという。

安政五年（一八五八）に奉公人として江戸に出て、最初は玩具屋、次いで鰹節屋兼両替商に勤めた。安田が両替商に手を出したのは、とにかく金を扱う商売にひどく魅力を感じたからである。

独立後は、「安田商店」を設立し、本格的に両替商を営むようになる。これが「安田銀行」のはじまりである。後に「富士銀行」そして今日では「みずほ銀行」として発展している。また「安田銀行」に加え、損保会社、生保会社も次々に設立し、金融財閥としての基礎を築いていく。これが現在の芙蓉グループの前身である。

自らの天職を金融業と定め、他の事業を営むことを自ら戒めたが、同郷だった浅野総一郎の事業を支援するなど産業の育成にも力を注いだ。また、日本電気鉄道や帝国ホテルの設立発起人、東京電燈会社や南満洲鉄道への参画、日本銀行の監事など、当時の国家経営にも深く関与した。

さらに、尊徳の推譲の精神に倣い、東京大学の安田講堂、日比谷公会堂、安田庭園などを寄贈し、これらは今でも東京の名所として親しまれている。

さて、両替商の商いを天職と思いはじめた安田は、『報徳記』を座右の書とするようになり、尊徳の生き方をそのまま実践しようと努めた。時を惜しみ、人の倍努力し、無駄を省き、一銭でも多く貯える。まさしく報徳思想の実践者そのものであった。

安田は、尊徳の説く「分限論」にまつわる話でこんなことをいっている。

「私が分限者になりえたのは、翁（尊徳）の『分限』を守りえたからだと思っている。翁の説は収入の一〇分の五をもって生活し、その残りを貯えよとあるが、私は一〇分の八と決めこれを実行してきた。一〇分の五では長続きしないと思ったからだ。理由は申すまでもなく、私ごときが翁のまねをしようと思ってもできるはずもなく、また収入が増えてからの無理な我慢は逆効果を危惧したからである。生活の規制は富者になったとき、乱れやすくなるのを戒める意味で大切だが、自分に合った尺度を決めることはより大切なように思う。私の経験ではこれが長続きさせるコツである」

このように分限（分度）を定めて、倹約、貯蓄に努めた安田であるが、金の使い方についても尊徳の教えに習い、金融家としての一家言をもっていた。

「人は私を吝嗇《りんしょく》（けち）だという。私はどうしても必要だと思ったらいくらでも金は出す。使いもする。しかし〝死に金〟と思うことはたとえ一銭たりとも使わないのが私の主義である。またこれは翁の教えでもある。これこそ合理的な金の使い方であり、金を生かして使おうと思うなら当然のことである」

安田は生涯、尊徳を人生の師、事業の師と仰いでいただけに、最後まで教えを受けた師の道を貫き通した。

「言によらず行ないをもってした。世には口の人、筆の人もあるが、私は口や筆の力より行ないの強いことを信じたからもっぱら行ないをもって身を処し、かつ部下を率いてきた。よし生涯華やかなことは少ないにせよ、行ないの力ほど大きな結果をもたらすものはない。これは私の事業上、処世上根本の法則として、今まで一貫してきている」

こういって、尊徳のいう至誠実行をモットーに、明治の殖産興業を支えた気骨あるバンカーとして生きた安田善次郎は、大正一〇年（一九二一）九月二八日、大磯の別邸にて突然の訪問者に暗殺され、この世を去った。

報徳が世に普及すれば理想社会が実現する——砂糖王・鈴木藤三郎

鈴木藤三郎は、氷砂糖の製法を発明したパイオニアであり、日本の近代製糖業を成立させた実業家である。

鈴木は安政二年（一八五五）、遠江国の貧しい山村に生まれ育ち、独学、独力で身を起こしていく。報徳思想との出合いは二三歳のときであった。生家でたまたま尊徳の本を手にし、興味を覚え、遠州報徳社に出入りするようになる。そこで岡田良一郎の指導を仰いだ。

報徳仕法を家業である製菓の商売に応用したところ見事に成功したため、鈴木は以後熱烈な報徳信奉者となった。

当時、わが国の輸入品の上位にあった砂糖をどうにか国産化できないかと、政府も財界有力者も努力したが、誰も成功することができなかった。そこで鈴木の挑戦が始まる。

「至誠と勤労と分度と推譲と、これを貫くに命がけの信念と根気さえあれば、天下に必要な事業が成らないというはずはない。やろう、やろう、大いにやろう」

こういって鈴木は一途に突き進んでいく。無学歴、無資本から出発し、政府の保護も有力者の支援もなかった。ただ尊徳の教えだけを信じ、自己の創造力と実業化への覇気によって近代的製糖業の道を独力で切り拓いていく。

鈴木が尊徳の訓《おし》えに強く心を引きつけられたのは、それが頭だけの修養や心だけの信仰ではなく、極度に実行的であることが自分の性格によく合致していたからだ。尊徳の「荒地は荒地の力をもって起こす」という教えに従い、「糖業は糖業の力を以て開くの大道なりと信ず、故に俯仰不恥の自信を有す」とした。さらに、固い決意で次のように述べている。

「(この事業より生じた利益は)すべてこの事業に投入し、誠心誠意、国家の大事業を仕上げて、先師二宮先生に報いんとするほかに他意はない」

製法を開発するのに七年を要したが、鈴木は、信念を崩さなかった。

「人は社会より恩恵を受けているので、是非これに報いなければならない。私は自分の職業に尽くさんとの念のみで損得は考えていない。一意専心に実行する。如何なる困難があっても辞めない」

鈴木の起こした会社は、後に他の製糖会社と合併して大日本製糖株式会社となった。また、明治三三年（一九〇〇）に国策会社として設立された台湾製糖の初代社長として「砂糖王」と称せられ、台湾においても「両得農業法」という報徳的な経営法を考え出し、製糖業の発展に貢献した。

さらに鈴木は、明治三五年（一九〇二）、郷里に農林学校を設立するとともに、富士山麓に広大な農場を開く。この農場では製茶、果樹、牧畜、山林を経営し、報徳仕法を内地農業に応用して、わが国の産業に広く報徳流の経営規範を完成させ、尊徳の恩に報いんと考えたといわれている。

鈴木は尊徳五〇年祭にあたり、尊徳の遺著一万巻が未整備のまま眠っているのを知り、自費をもってこれを『報徳全書』にまとめ上げた。それを収容するための土蔵と一緒に、今市の二宮神社に寄進したのである。

このほかにも、中央報徳会の設立にあたっても中心的存在となり、衆議院議員も務めた。

鈴木の事業意欲は極めて旺盛で、精糖のほかにも製塩、醤油醸造、製茶、水産加工など数々の会社を立ち上げた。そして、それらの製造加工の機械を自ら発明し、一五九件もの特許を獲得した発明王でもあった。

ところが、明治四二年（一九〇九）に自ら設立した日本醤油醸造株式会社がサッカリン使用の問題をきっかけに破綻し、その整理のために全財産を提供しなければならなかった。

鈴木は晩年こう語っている。

「私が事業を始めたり、また拡張したりするのには、報徳の教を守っているので根拠があるのです。（中略）他の人のように書画骨董をいじったり、家屋を豪壮にして楽しもうという心はありません。事業を営むことだけが私の本分です。私一代で成功しなくても、次の代、またその次の代にはなんとかなります。一度事業にしておけば、けっきょくは社会の利益となります（中略）全く損をしたとて、私の目的は達せられた訳になるのです。少しも惜しいとは思いません」

鈴木の代表的著作『報徳実業論』では、報徳が世に普及するときは「天国または極楽浄土」ともいうべき理想社会が実現するであろうと強調している。

鈴木藤三郎の実業家としての生涯は、日本の資本主義発展の生きたモデルともいえるが、同時に報徳思想・報徳仕法の継承と発展にかけた情熱も高く評価されよう。

『二宮翁夜話』を七回味読した――世界の真珠王・御木本幸吉

「世界の真珠王」といわれた御木本幸吉も二宮尊徳の信奉者であった。

安政五年（一八五八）、御木本は志摩国鳥羽浦の大里町（現・三重県鳥羽市）で生まれ、一四歳で家業のうどん屋のかたわら青物商売を始める。大きな目標を掲げることで自分自身に課題を与え自らを鼓舞するところがあり、時として大法螺《おおぼら》吹きといわれた。

二〇歳のとき東京見物に出かけ、ついでに日光へも立ち寄った。その際、尊徳の話を聞き大きな感銘を受け、以後『報徳記』や『二宮翁夜話』を愛読し、報徳思想の熱烈な信者になっていく。その愛読ぶりは、「『二宮翁夜話』を七回味読した」と御木本自身が語るほどであったという。

当時、世界の装飾品市場では、天然の真珠が高値で取引されており、志摩ばかりでなく全国のアコヤ貝は乱獲により絶滅の危機に瀕していた。そこで御木本は、真珠の養殖を思い立ち実験を重ねていく。また、海面を専有する養殖に反対する漁業者、漁業組合と厳しい交渉も重ねた。こうした幾多の困難を克服して半円真珠から真円真珠への技術開発に成功し、真珠養殖の産業化が実現するのである。この間の御木本の情熱と忍耐力は、報徳精神の賜物であろう。

また、御木本は地域社会へも様々な貢献をしている。自らの資金をもって志摩の道路改修を行ない、自らもその工事に従事した。

真珠養殖の産業化を成し遂げた御木本は、真珠の生産にとどまらず、真珠を宝石市場の中心に位置づけようとあらゆる努力を惜しまなかった。御木本真珠店を東京銀座に創業し、その後、上海、ニューヨーク、ロンドン、パリ、シカゴに支店を開設し、世界を股に商売を展開する。フィラデルフィアの万国博覧会に自慢の真珠を出品して「世界の真珠王」と呼ばれ名を上げたのである。

また、尊徳の生家が他人の手にわたり移築されていることを知るや、直ちにこれを買い戻し、もとの位置に建て直した。御殿場線松田駅にこの家の所在を記した標柱を立てて、人々の尊徳への関心が高まるよう努めた。現在、生家の隣には尊徳記念館も建てられ、多くの人々が訪れている。

昭和二九年（一九五四）、御木本は老衰のため九六歳で死去した。看病をした女医は、「真珠王といわれる方が、あまりにも質素な暮らし、食事をしておられたことに驚いた」と話している。「世界中の女性の首を真珠で飾る」ことを大きな目標としてきたにもかかわらず、自らは飾らない人生だった。

三重県鳥羽市にある御木本真珠島が発行している『真珠王からのメッセージ』という御木本の語録には、「わしは志摩の尊徳になりたい」という御木本の志が書き記されている。「真珠王」として世界の宝石市場で一世を風靡した御木本幸吉も、報徳思想に心酔し自らの生涯を切り開いた偉人であった。

誠心を基礎として実行を先にする――豊田佐吉

豊田佐吉は繊維機械の天才的発明家であり、わが国の産業革命を先導した繊維産業の発展に大きく貢献した。

豊田は慶応三年（一八六七）、遠江国敷知郡《ふちのこおり》（現・静岡県湖西市）に生まれる。小学校を卒業すると父・伊吉の大工仕事を手伝うようになり、この経験から身につけた技術が後の発明王のバックボーンとなる。貧困を克服するには学問が必要と考え、東京から新聞を取り寄せ、仲間を集めて夜学会を開き苦学したそうだ。

父の伊吉は、遠州の報徳運動の中心人物であった岡田佐平治・良一郎親子の影響を受け、地元に報徳社を創設したほどの熱心な報徳信奉者だったので、豊田も大きく感化された。

豊田は発明で身を立てようとするが、そのとき目に付いたのが、母が機を織る姿だったという。なんとか母の負担を軽くしてあげたい。そう思った豊田は、懸命に織機の研究開発に取り組み、明治二三年（一八九〇）、「豊田式木製人力織機」を完成させた。翌年には初めて特許も取得した。その後もあくなき研究開発を続け、その発明は生涯を通じ一一九件にものぼったのである。

豊田は次のように述べている。

「正しく明るく世を渡るべく努力を持続することだ（中略）正しい明るい行為は誠心を基礎として実行を先にするにあるのだ。（中略）世の人は口では立派にいうが成さぬではないか。自分は才もなく口をきくことも下手である。それゆえ誠で押してゆくよりほかかない」

「何にいくら儲けたいの、これだけ儲けねばならないのと、そんな欲張った自分本位の考えじゃ駄目じゃ。世の中には自分以外に人がいるよ。其の人を相手にして商売もしていけば、生きてもゆくのじゃぞ、自分一人で生きてゆけるものではないのじゃ。其の世の中の多くの人の為に、又お国の為にと云う考えで、一生懸命働いてゆけば、食物も自然と随いて来るものじゃ」

豊田は策略や駆引きを嫌い、ただ、まじめに情熱と誠をもって所信を貫いた。至誠と実行の報徳精神で人々と接したので、内外の多くの人々が彼に信頼を寄せたという。

明治末期、豊田は外遊先のアメリカで自動車産業の素晴らしさを目のあたりにし、その発展の可能性を感じとった。晩年、息子の喜一郎にこう告げた。

「これからは自動車工業の時代だ。日本も立派な自動車をこしらえなければ世界的な工業国とはいへぬ。国への恩返しにわしは織機で国のために尽した。これからのわしらの新しい仕事は自動車だ。お前は自動車をつくって国のために尽せ」

豊田は織維織機で蓄えた資金を惜しみなくつぎ込んで、トヨタ自動車の基盤をつくった。息子の喜一郎も出身地の報徳社社長を長く務めていたそうだ。

豊田の精神は、現在でもトヨタ自動車で様々な形で受け継がれている。「自動化ではなく自働化（合理化を進めるあまりに従業員の人間性や労働意欲を無視してはならない）」「ムリ・ムラ・ムダをなくす」「カイゼンをし続ける」――これらの有名なトヨタ独自の精神は、豊田によって、さらにいうなら尊徳から脈々と流れてきているといえるのではないか。

世界のビッグビジネスとなったトヨタグループは、豊田佐吉という報徳思想を信奉した偉大な発明家そして経営者の理念によって支えられている。

楽観的に見れば心が躍動し知恵や才覚がわく——松下幸之助

松下電器産業（現・パナソニック）の創始者である松下幸之助は、零細企業を世界一の家電メーカーに育てあげた手腕から「経営の神様」として知られているが、同時に「昭和の二宮尊徳」ともいわれた人物である。

松下は、明治二七年（一八九四）、和歌山県海草郡和佐村（現・和歌山市禰宜）に生まれ、小学校を四年で中退して大阪に丁稚奉公に出される。一五歳から七年弱、大阪電燈（現・関西電力）に勤めたあと、後に三洋電機を創設する義弟の井植歳男と一緒に「電球ソケット」の製造を始める。

大正七年（一九一八）、松下電気器具製作所を創業し、改良アタッチメントプラグ、二灯用差し込みプラグ、二股電球ソケット、砲弾型ランプ、角型ランプ、アイロン、ラジオなどで次々と大ヒットを飛ばして経営を軌道に乗せるが、戦時中に下命で軍需品の生産に協力したことから、戦後直ちにＧＨＱによって制限会社等に指定され、公職追放処分を受ける。

その間に松下は、「ＰＨＰ研究所」を設立し、「物心両面の繁栄を通じて、平和と幸福をもたらそう（Peace and Happiness through Prosperity）」をスローガンに研究、実践運動にも乗り出す。ＧＨＱの制限が解除されてからは松下電器の再建に注力、高度経済成長に乗じて事業を拡大し、世界でもトップクラスの電器メーカーに育てあげた。また「水道哲学」や「企業は社会の公器」など独自の経営哲学を生み出し、日本式経営の代表格として世界から注目を集めた。

松下の経営哲学は、様々な面で報徳思想の影響を受けている。

『二宮翁夜話』のなかにある、江戸へ出てきた二人の田舎者が水売りを見て、一人は江戸では水すら買わねば暮らせぬと驚いて故郷に帰ってしまい、もう一人は江戸では水を売っても商売になると喜んで江戸に残ったという話を例に引いて、松下はこう語っている。

「一杯の水を売っているという事実は一つですが、その見方はいろいろあり、悲観的に見ますと、心がしぼみ絶望へと通じてしまいます。しかし、楽観的に見るなら、心が躍動し、さまざまな知恵や才覚がわいてくる、ということを尊徳翁はいいたかったのでしょう。ぼくもその通りだと思います。（中略）大阪に奉公に出てきてから今日まで、意識的にも無意識的にも、水売りの姿を見て江戸に残った若者のように、ものごとを積極的に明るく見てきた」

この積極志向、つまり、いかなる困難に出合おうとも前向きに挑戦するという松下の姿勢は尊徳譲りのものであろう。

さらに松下は、こう述べている。

「道義や道徳というのは、人間の尊厳とその正しい生き方を教えるものです。企業にしても同様です。企業は公のものです。世の中に役立ち奉仕してこそその使命を果たしたといえます」

「企業なり企業経営者というものは、単に資本を持ち、経営力を持っているというだけではいけないと思う。同時に忘れてならないのは、それとともに社会性というか、社会正義というものを常に考え、これに照らしつつ企業の経営を進めていくということである。さもないと、往々にして資本の横暴というようなことが起こり、他の企業、業界、ひいては社会一般の需要家にまで、重大な悪影響を及ぼすおそれがある」

松下は、「ただ稼げばよい、働けばよい」と考えるのは間違いだと説いている。企業活動は、営利と社会正義の調和に配慮し、国家社会の発展を図り、もって社会生活の改善と向上をめざすという経営理念をもたなければならない。まさに、尊徳流の「道徳経済一元論」を、言葉を換えて言い表しているのではないだろうか。

さらに二人は、商売道についても同じような解説をしているのが面白い。

尊徳は「商売は売って喜び買って喜ぶようにすべきだ。売って喜び買って喜ばないのは道ではない。買って喜び売って喜ばないのも同じだ。売って喜び買って喜ぶを法則とすべきである」といい、一方松下は、「商売というものは、ほんとうは売る方も買う方も双方が喜び、双方が適正な利益を交換するというかたちでやらないと、長続きしません」といっている。経済活動によって共存共栄をめざすことが商売道であるという考え方だ。

松下の事業家としての特筆すべき功績は、「ＰＨＰ研究所」と「松下政経塾」の創設であろう。

昭和二一年（一九四六）、戦後復興にかける意気込みを示すかのように、松下が「繁栄による平和と幸福」をスローガンに「ＰＨＰ研究所」を設立したのは先述のとおりだが、物質的繁栄と同じぐらい精神的繁栄に重きを置き、道徳や社会正義の重要性を説いた倫理教育と啓蒙活動を展開したのである。終戦直後の混乱期にこうした活動を思い立つ松下の先見性と器の大きさには驚くほかない。

そして昭和五四年（一九七九）には「政治を正さなければ日本は良くならない」をスローガンに、政治家や経営者など日本のリーダーを養成するため「松下政経塾」を私財七〇億円を投じ創設するのである。それまで松下は、日本の政治の荒廃は国家経営の失敗であるとして、「無税国家論」や「新国土創成論」などを発表し、警鐘を鳴らしてきた。しかし、いっこうに改まらない政治体制に業を煮やし、周囲の反対を押し切っての決断であった。こうして政治改革を志した松下は、大勢の政治家を育て、平成元年（一九八九年）九四歳でこの世を去った。

こうした松下の独自の活動も、まさに推譲の精神に相通じるものだと思えてならない。小田原の報徳博物館建設の賛助委員会において、関西財界側では松下幸之助が中心的役割を果たしたのである。

尊徳先生の手法は科学的で経済の論理にかなう――土光敏夫

「メザシの土光」――臨時行政調査会で財政再建、行政改革に辣腕をふるった土光敏夫の異名である。

この異名はＮＨＫで特集番組が放送されたとき、妻と二人きりでとる夕食のメニューがメザシに菜っ葉、味噌汁と玄米ごはんという質素なもので、視聴者にインパクトを与えたことから付けられたのである。これに代表されるように土光の生活は、質素倹約を絵に描いたようなものだった。

土光は明治二九年（一八九六）、松下とほぼ同時期に、岡山県御津郡大野村（現・岡山市北区）の農家に生まれた。関西中学に入学したとき、恩師から徹底した精神主義教育を受け、そこで報徳思想に出合うことになる。そして、当時工業系ではトップの東京高等工業学校（現・東京工業大学）機械科に首席で合格したほどの秀才であった。

その後、土光は石川島播磨重工と東芝の両社の再建に手腕を発揮し、名経営者といわれるようになる。その経営手法は、「勤倹譲」を実践し、常に率先垂範、経営理念も極めて報徳的であった。

昭和五六年（一九八一）には、当時の中曽根康弘行政管理庁長官に要請され、「第二次臨時行政調査会長」に就任する。就任にあたって次の四条件を提示している。

①補助金の廃止、②国鉄等、公社に対する国庫助成廃止と独立経営化、③政府の権限の発揮による答申の実行、④国民の信頼を得るための公正な政治。

驚くことに、これは尊徳が桜町領復興を引き受ける際に提示した条件と共通する内容である。尊徳を信奉する土光は、最大の難関である臨調行革に挑むにあたって、尊徳がすべてを投げうって挑んだ桜町仕法と重ね合わせたのではないだろうか。

特に尊徳が藩主大久保忠真からの補助金を断ったように、土光も補助金の廃止を第一に掲げ自立化の重要性を説いているのは興味深い。

さらに、土光は行政改革に執念を燃やし、「増税なき財政再建」「三公社民営化」などの改革を牽引する。昭和六一年（一九八六）まで「臨時行政改革推進審議会会長」を務め、当時の中曽根首相と力を合わせ、行政改革を強いリーダーシップで断行していく。その謹厳実直な人柄と、まわりの追随を許さない抜群の行動力、そして質素で飾らない生活から、「ミスター合理化」「怒号敏夫」「行革の鬼」とまで呼ばれた。

土光は尊徳について語っている。

「尊徳先生は『至誠を本とし、勤労を主とし、分度を体とし、推譲を用とする』報徳実践の道を唱えられ、実行に移されたのでありますが、その手法は極めて科学的であり、経済の論理にかなうものでありました。重税が農民の勤労意欲を奪っていることを認識され、大幅な減税によって働く意欲をかきたて、農村を復興させ、ひいては藩の財政をも立直していくやり方は、見事というほかはありません。財政再建が叫ばれ、行政改革が実施に移されようとしている今日、行財政改革の先駆者である尊徳先生の思想と実践方法を改めて多くの方々に研究し、会得していただき、応用していただきたいと思うのであります」

「国の内外を問わず世界の大勢は多くの分野で行きづまりに直面し（中略）この困難な状況を克服する上に（中略）対処する方法手順を与えてくれるものが報徳の道にあると信じます」

なお土光は、小田原の報徳博物館の創設に際して、建設費賛助委員会の会長を引き受けたが、昭和五八年（一九八三）九月、開館記念式典でもこう述べている。

「現在日本は大きな問題をはらんでおるわけであります。国内の財政政策も十分でない。毎年、非常な赤字国債を出す。現在、国債はすでに一〇〇兆円を越しておるのであります。この問題は現在大変な問題です。日本政府も行政改革をやるということで、目下われわれも努力中でありますけれども、尊徳先生の教えを政府も国民も本当にもっと勉強していたら、こんなことになるはずはないのであります。私はその点非常に遺憾に思います。

尊徳先生の経済思想その他の実績というものを、もっともっと国民の間に植え付ける必要があると思うのであります。

日本が現在、世界的にも経済的にも大きな国になったのでありますが、本当の経済思想というものが、健全な思想が人々のなかに十分植え付けられておるかどうか、私はこの点に曖昧な点を感ずるのであります。今度は立派な報徳博物館ができたわけで、この点はもう少し国民の間に普及していくということを今後やっていただきたいと、私は大きく期待するわけです」

土光の生涯を貫いた質素倹約の精神、改革推進の実行力は、尊徳から受け継いだものであることが、こうした発言からご理解いただけよう。昭和六三年（一九八八）、財界人改革者土光敏夫は、幾多の実績を残してこの世を去った。

働くとは日々の精進を通じて心を磨くこと——稲盛和夫

明治や大正、昭和の財界人に留まらず、現在でも、尊徳を師と仰ぎ、活躍する財界人は多い。平成に入ってからも称賛の声は続く。

京セラや現ＫＤＤＩを創業し、日本航空の再建にもあたられた稲盛和夫だが、彼が尊徳にも造詣の深い方であることは、平成二二年（二〇一〇）に日本航空の新会長に就任した際の記者会見で「入るを量りて出るを制す」と、尊徳がとった経営再建の姿勢を示したことからも大いにうかがえる。

稲盛は著書で次のように述べている。

「二宮尊徳は生まれも育ちも貧しく、学問もない一介の農民でありながら、鋤《すき》一本、鍬《くわ》一本を手に、朝は暗いうちから夜は天に星をいただくまで田畑に出て、ひたすら誠実、懸命に農作業に努め、働きつづけました。そして、ただそれだけのことによって、疲弊した農村を、次々と豊かな村に変えていくという偉業を成し遂げました。

その業績によってやがて徳川幕府に登用され、並み居る諸侯に交じって殿中へ招かれるまでになりますが、そのときの立ち居振る舞いは一片の作法も習ったわけではないにもかかわらず、真の貴人のごとく威厳に満ちて、神色さえ漂っていたといいます。

つまり汗にまみれ、泥にまみれて働きつづけた『田畑での精進』が、自身も意識しないうちに、おのずと彼の内面を深く耕し、人格を陶冶《とうや》し、心を研磨して、魂を高い次元へと練り上げていったのです。

このように、一つのことに打ち込んできた人、一生懸命に働きつづけてきた人というのは、その日々の精進を通じて、おのずと魂が磨かれていき、厚みのある人格を形成していくものです。

働くという営みの尊さは、そこにあります。心を磨くというと宗教的な修行などを連想するかもしれませんが、仕事を心から好きになり、一生懸命精魂込めて働く、それだけでいいのです」(『生き方』サンマーク出版刊)

また、稲盛はこうも述べている。

「江戸時代中期、資本主義の萌芽が見られた頃、京都にて石田梅岩という思想家が『商いにおける利潤追求は罪悪ではない。武士が禄をはむのと商人が利潤を得ることは同じことである。ただし、商いは正直にすべきで、けっして卑怯な振る舞いがあってはならない』と商いにおける倫理観の大切さを教えています。また、農村においては、江戸時代末期、二宮尊徳が村民に勤勉と倹約の重要性を教えることによって、多くの荒廃した村々を復興させています。尊徳は人々の心を立て直すことにより、貧困にあえいでいた村を富める村に変えていったのです。

日本で資本主義が生まれようとするとき、このように日本社会においても、勤勉、正直、誠実さというような倫理観が何よりも大切だということが広く教えられていたのです」（「あたらしい資本主義精神の確立を」月刊『致知』平成八年二月号）

ところで、地方財政審議会会長を務められた神野直彦東京大学名誉教授が、こんなことを書かれておられたのを思い出す。

「尊徳が、桜町へ行って財政を立て直してこい、といわれた。このとき、尊徳は、藩からの資金援助を拒絶している。これは、現在の日本の地方財政にかかわっている問題だ。尊徳が行なったような村おこし運動は、今、全国各地で盛んに行なわれている。その際、ともすれば補助金や地方債に頼ったりするが、尊徳はそのような補助金を一切断り、借金もしていない」（『よみがえる二宮金次郎』榛村純一、清文社刊）

尊徳の教訓が今なお生きている一例である。

さらに、経済の〝ソフト化、サービス化〟の提唱者といわれる評論家の日下公人氏の言葉を紹介したい。

「経済思想としての二宮尊徳は知らなくても、日本人の生活に根ざした道徳として、今日も尊徳の教えは生き続けている。それが日本経済の強さの根源にある。日本人は働くとか儲けるとかは人間なら誰でももっている本能のように思っているが、そうではなくて、それはある社会、ある時代に特有な理由づけに根ざしたものなのである」（『「道徳」という土なくして「経済」の花は咲かず』祥伝社刊）

経営者・実業家が尊徳を信奉する理由

それでは、偉大な経営者・実業家たちは、いったいなぜ尊徳の思想や仕法を信奉するのだろうか。

まず、その最大の理由は、本章の冒頭でも述べたように、「経済を伴わない道徳は戯言であり、道徳を伴わない経済は罪悪である」という尊徳流の「道徳経済一元論」が、実業家たちの心をつかんだということではないだろうか。

武士の道徳論だけでは、経済は成り立たない。しかし、道徳倫理のない経済は、単なる金もうけの手段となってしまう。

明治の実業家たちにとっては、日本が培ってきた武士道や儒学などの道徳倫理と、明治維新以後に欧米から輸入された資本主義経済を、どう両立させるかが大きな命題であった。道徳と経済という二律背反するものを融合させる尊徳の教訓は、明治の実業家たちの心にフィットし、それ以後も継承されていったのである。

第二は、報徳仕法のもつ合理性であろう。

尊徳は、前述のように、数理と技術に通じ、これらを駆使して改革を実践していった。徹底した現地調査を実施したうえで、過去・現在・未来を展望して長期的視野をもって復興計画を立てた。また、返済や投資に対して金融を駆使して改革を進めた。さらに、開発するに際しても耕作や治水の技術力を駆使して生産性を向上させたのである。

私は、報徳仕法はマニフェスト改革の原型だと論じてきたが、数値目標や達成期限を用いて、具体的かつ合理的に計画を作成して確実に実行する仕法は、当時としては画期的なものであった。この合理的な改革手法が、新しい時代の産業を興すうえで明治の経営者たちにとって非常に魅力的だったのではないか。

これに関連して、三つ目の理由として、報徳の実践は、単なる禁欲主義ではないことが挙げられよう。

尊徳は、人々に節食を励行させれば国を富ますことができるというような精神主義には異を唱えた。食べたいと願っている人々には十分食べさせ、そのかわり十分に働いて土地を切り拓き、物資を増殖させるべきで、そうすれば産業も栄え、国も富むことになることを訴えたのである。

従来の儒教仏教の思想のようにひたすら私欲を禁ずるものではなく、社会秩序を乱さなければ欲望の充足は差し支えないとしたのである。

また、尊徳は倹約を奨励しているが、これは将来の病気や災害のために蓄えたり、投資資金に用いたり、さらには社会に貢献するために推譲したりすることを目的にしている。決して吝嗇《りんしょく》（けち）の精神で行なうものではない。将来的に目的をもって大いに活用するために節約することこそが倹約であると励ましたのである。

こうした尊徳の、禁欲的な精神主義にこだわらない、経済活動を重視する柔軟な発想が、殖産興業を成すために奮闘していた実業家たちの心を捉えたのは想像に難くない。

最後には、やはり「天道人道論」であろう。

前述の通り、従来の儒教思想では人道は天道に従うべきものとされていたが、尊徳は天道と人道を明確に区別した。人間社会が天道に従うのみでは満足できない場合は、人間は主体性をもって天道、つまり自然環境に対して積極的に働きかけ、これを改善していくべきと考えた。この営みを人道としたのである。つまり、自然にまかせるのではなく、開発行為を正当化し、自然と開発の調和を図ることが肝要だと訴えたのである。

この「人道」の考え方が、意欲的に欧米の科学技術を導入し、近代化を急速に達成しようとした当時の趨勢《すうせい》に適合したのであろう。

尊徳の説く、至誠と実行をモットーとする実践主義、数理と技術を重んじる合理主義、さらに次々と改善向上を図っていく革新性、こうした人道の在り方が、この発展途上期の実業家に歓迎されたと思われる。

このように、明治以後の日本を代表する偉大な経営者・実業家たちは、資本主義経済の発展過程において、報徳の精神を自らの信念として、実践に生かしたのである。そして、産業革命に基づく近代産業に、報徳思想と報徳仕法の原理が適用できることを、自らの実業の成功で身をもって証明したといっても過言ではない。

以上のように尊徳の思想と仕法は、近代日本の資本主義経済発展のバックボーンとして大きな役割を果たしたと考えられる。

私は、報徳思想や報徳仕法の原理原則、エッセンスは不滅だと確信している。今後の日本の経済界にも、こうした骨太の経営理念、経営哲学を備えた本物の経営者・実業家が現れてほしいと願うのは私だけではあるまい。

第八章　現代に受け継がれ、世界に広がる報徳思想

尊徳亡き後、明治から平成に至るまで、報徳思想・報徳仕法は様々な人々や結社・団体の力によって受け継がれてきた。こうした方々の努力に心から敬意と感謝を申し上げなければならない。そして、さらに尊徳の考え方は世界にも普及しつつある。本章では、そのような報徳思想の広がりを展望したい。

「大日本報徳社」などの貴重な活動

幕末から明治に至る日本の近代化の黎明期《れいめいき》には、報徳思想の普及をめざし、道徳と経済の融和・実践を説き、苦難にあえぐ農民の救済をめざした報徳運動が全国に広まっていった。

尊徳の四番目の高弟、岡田良一郎の力強い指導により、遠州では報徳運動が活発になる。やがて全国の運動の中心となり、「遠江国報徳社」が発展し、明治末期に同地に「大日本報徳社」が設立された。

遠江国報徳社と大日本報徳社を通算して数えれば、初代社長は岡田良一郎の父・佐平治、二代目社長が良一郎である。現在の榛村《しんむら》純一社長は八代目にあたり、全国の報徳運動のリーダー役を務めている。榛村氏は、長く掛川市長を務めたが、当時、報徳仕法によるまちづくりなど、ユニークな政策で大きな功績を挙げた方だ。

掛川城に隣接した閑静な場所に立地する大日本報徳社の左右の門柱は「経済門」と「道徳門」である。明治、大正、昭和、平成と多年にわたり日本の報徳運動のメッカとなっている。大日本報徳社の「大講堂」は、一〇〇周年を機に修復され、平成二一年（二〇〇九）九月「国重要文化財」に指定されたそうだ。

大日本報徳社は、今なお大講堂を利用した学会や講演の開催をはじめ、外部の関係機関と連携し、様々な報徳思想の普及に重要な役割を果たしている。

ここで、昭和の時代の尊徳研究家・実践家の第一人者として、佐々井信太郎を挙げないわけにはいかない。

信太郎は兵庫県に生まれ、父親の事業失敗により、苦難の少年期を強いられる。小学校中途で寺の半小僧となり、生野銀山での営業マン、郷里の小学校教員を経て、明治の後半期に旧制小田原中学（現・小田原高校）の教師となる。

ここで信太郎の人生を決定づける運命的な転機が訪れる。小田原中学校の初代校長・吉田庫三（吉田松陰の甥）との出会いである。

信太郎が吉田校長に「吉田松陰の研究をしたい」といったところ、「佐々井君、ここは神奈川。二宮尊徳という立派な人物がいる。尊徳の研究をしたらどうか」という答えが返ってきた。これが、信太郎のその後の人生を決定づけた。

以来、小田原中学での教務のかたわら尊徳研究を重ね、その後、神奈川県社会課長に着任し、大正末期の神奈川県の地域復興を報徳仕法で担うことになる。

さらにその後、東洋大学教授を務め、昭和初期、大日本報徳社副社長となった。そこで、尊徳研究者のバイブルといわれる『二宮尊徳全集（全三六巻）』の編纂《へんさん》の中心的役割を果たし、戦後も全国各地の農村・地域おこしに報徳仕法で大きく貢献した。昭和二一年（一九四六）、GHQのインボーデン少佐が大日本報徳社を訪問した際に、報徳思想や報徳仕法などについて説明を行なった一人でもある。

信太郎の長男が典比古である。

典比古は、尊徳研究者である信太郎の仕事を手伝う形で、自然に尊徳研究の道に入る。一高、東京帝大卒後、内務省に採用され、神奈川県人事課長、総務部長、副知事を歴任している。

退職後、尊徳研究者・実践家としての活動を本格化させた。『報徳記』の訳注をはじめ、『尊徳の裾野』『尊徳の森』などの著作も多いが、なんといっても、典比古の功績で特筆すべきは、「報徳博物館」創設への尽力であろう。

私が生前の典比古氏に直接お会いしたのは平成二〇年（二〇〇八）五月、神奈川県庁知事室だった。九〇歳を過ぎる高齢であったが、報徳思想を熱っぽく語られた姿には、大きな感銘を受けた。その後、後述の「二宮金次郎像、ブラジルに渡るプロジェクト」の呼びかけ人にもなっていただいた。典比古氏は、同プロジェクトの成功を喜んでおられたと聞いたが、平成二一年（二〇〇九）三月、帰らぬ人となってしまわれた。

佐々井父子二代にわたる尊徳研究の功績に心から感謝申し上げるとともに、お二人とも神奈川県職員であったということに、前神奈川県知事として、深い感慨を覚える。

産業組合法の成立と二宮神社の創建

生前、尊徳は病床でこう遺言したそうだ。

「私を葬るのに分を越えてはならない。したがって、墓石を立ててはならない。碑も立ててはならない。ただ、土を盛り上げて、そのかたわらに松か杉の木を一本植えておけばよい」

しかし、その遺言は守られることはなかった。尊徳を慕う人々によって今市（現・栃木県日光市）をはじめ神奈川県小田原市栢山の善栄寺、東京都文京区の吉祥寺、福島県相馬市、南相馬市など尊徳の墓石はあちこちに立てられている。

明治一四年（一八八一）、尊徳の二七回忌を機に、尊徳を祀る神社創設の話が動きはじめる。注目すべきは、第一章でも述べた「産業組合法」提出の動きと関連していることである。

前述したように、当時の内務大臣だった品川弥二郎と法制局長官だった平田東助は、ドイツの協同組合をわが国に取り入れようとする意図を持っていたことから、福住正兄らとこれを研究し、信用組合法案を立案した。ところが、明治二四年（一八九一）一二月の蛮勇演説をきっかけとした議会解散のため通過せず、その後九年を経て明治三三年（一九〇〇）に産業組合法として成立したのである。

三井財閥を発展させた早川千吉郎は、指導教授のエッゲルト教授に報徳主義とドイツのライファイゼンの制度を比較研究したものを見せたところ、感銘を受けた教授が、自身を招聘した品川弥二郎を訪ねたと述べている。それまでの品川がどれほど尊徳のことを知っていたかは定かではないが、早川は、このエッゲルト教授の訪問が神社創建に大きく影響したと述べている。また、この訪問により、産業組合法の成立過程に尊徳の思想が少なからず影響したのはいうまでもないだろう。

産業組合法案の提出にあたり、品川弥二郎が福住正兄に報徳関係者の協力を依頼したのが明治二四年（一八九一）で、この年に福住正兄らが以前から要望していた、尊徳を国家的に顕彰する措置の一つである従四位追贈が下された。

これは神社創建の気運を一気に高めていった。現在、二宮尊徳を祀る神社は神奈川県小田原市、今市（栃木県日光市）、桜町（栃木県真岡市）などにある。

小田原報徳二宮神社の完成は明治二七年（一八九四）四月。創立委員の方々が嫡孫・尊親が住む相馬まで出かけ、「御遺髪」「御神鏡」、また「御神宝」として尊徳佩用の刀剣、服、さらに尊行・富田高慶の遺品を譲り受ける「御神霊奉迎」を行ない、四月一四日に神社祭神としての二宮尊徳の御神霊を鎮座する遷宮が執行された。

余談になるが、明治二〇年（一八八七）に品川弥二郎は神社創立発起人の筆頭になっており、小田原報徳二宮神社の建設に一〇〇円を寄付（伊藤博文と同額、二宮尊親や福住正兄の倍額）し、完成の際には祭文を寄せていることから、尊徳の継承に大きく貢献した人物の一人といえるだろう。

文武両道の名門「報徳学園」と大谷翔平を生んだ「花巻東高校」

皆さんは、報徳教育を実践する学校があることをご存知だろうか。

兵庫県西宮市にある報徳学園といえば、野球やラグビー、そして駅伝などの全国大会での活躍に見られるように、スポーツの盛んな進学校である。

実はこの報徳学園は、報徳思想の信奉者であった大江市松により、二宮尊徳の教えを世に広め、報徳の考え方を学ぶべく、明治四四年（一九一一）に創立された学園である。また尊徳の孫である尊親が二代目校長を務めるなど、報徳思想と大変ゆかりの深い学校で、平成二三年（二〇一一）には建学一〇〇周年を迎えた。

報徳学園の建学の理念として、「校風三則」が定められているが、時代の変化とともに改定され、現在では次のとおりである。

一、以徳報徳の道風を慕ふ　二、至誠勤労の良風を尚ぶ　三、分度推譲の美風を養ふ

卒業生の話によると、報徳学園では毎週朝礼でこの「校風三則」を唱和するのだそうだ。注目すべきは、同学園のカリキュラムに報徳教育が組み込まれていることだ。いくつか紹介したい。

まず、ユニークなのは中学入学時に、理事長から全員に三戸岡道夫著の『二宮金次郎の一生』が課題図書としてプレゼントされる。それを受け、読書感想文が提出される。中学校、高等学校併せて毎年約五〇〇件もの応募があるそうだ。そのなかから選んだものを「心田啓

発」という冊子にまとめている。

　拝見すると、中学生、高校生、さらには教員をも含めた感想文が綴られていて興味深い。「心田啓発」第三号（平成二一年三月刊）の巻頭言に掲げられた、中尾雄二図書館長（当時）の次の文章が印象に残った。

「十代の若者が『二宮金次郎の一生』を読み、その生き方に感銘を受け、その教えに同感した彼らの報徳の生き方は、将来、必ず何らかの形で芽生えるだろうと信じています。報徳の教えが、たとえ現代の若者にとって一見オーソドックスな古めかしい教えであったとしても、彼らがいつか現代社会に生きる実践教育として報徳の教えをより深く理解し、実践していってくれることを願っています。それが二〇年後なのか三〇年後なのか、人はそれぞれによって人生観は異なっていますが、彼らがいずれはその境地に到達するものだと思っています」

　もう一校、報徳思想を建学の精神・校訓に掲げる有名校がある。今をときめく大リーガーの大谷翔平と菊池雄星を生んだ岩手県花巻市にある花巻東高校だ。

　昭和五十七年（一九八二）に花巻学園都市構想の一環として生まれた私立学校で、平成十二年（二〇〇〇）に学校改革を進める中で、報徳思想を掲げた校訓を具現化することになった。

その際に地元の報徳指導者の葛巻久八氏から寄贈された、まだ新しい金次郎像が校門の脇に立つ。毎年、創立記念日には岩手県報徳会の協力で「二宮金次郎セミナー」を開催し、報徳精神の学習を深め、「立志夢実現」教育による人間づくりが、教育の基本理念である。

特別カリキュラムとして「目標設定シート」を含む生徒手帳「立志 夢プランナー」の活用が有名だ。学習や部活動などのカテゴリー別に具体的な目標やスケジュール管理を記入し、毎日着実に実行していく。大きな目標に向かう時も、小さな努力を怠らず慎ましく勤め励むという「勤勉」「積小為大」の実践こそが大きな成果を生み出すことを教えている。

大谷翔平も、計画的に努力を積み重ねることで技術とパワーを身に着け、打者と投手の二刀流でベーブルースを上回る名選手となった。さらに、ドジャース移籍に際して、日本の全ての小学校にグローブ六万個を寄贈したり、巨額の契約金の九割以上をドジャースの財政事情を慮《おもんぱか》って、離団の時まで返上した。これは報徳思想の「分度」と「推譲」の実践そのものだと私には思える。

花巻東高校に視察に行った際に、小田島順造校長先生に尋ねてみた。するとこう答えた。

「大谷の行動が報徳教育の直接の成果だとは言えないでしょう。でも、そう思っていただけることは嬉しいですね」

「ほうとくエネルギー株式会社」の挑戦

現代でも尊徳の思想を受け継ぎ報徳仕法を駆使して社会貢献をめざす珍しい企業がある。尊徳誕生の地、小田原で活動するほうとくエネルギー株式会社だ。

地元のかまぼこ屋、干物店、魚市場、街の電気屋さんなど、小田原の地元企業三八社が五八〇〇万円を出資し、小田原のエネルギーを地元地域で創出していくエネルギー会社である。太陽光発電事業、小水力発電など様々な再生可能エネルギーを市民と協働で創り出すと共に、里山再生や安心安全な街づくりに寄与することを目的として平成二四年（二〇一二）一二月に設立された。

具体的な事業を一つとり挙げてみよう。「市民ファンド」を活用したみんなの発電所をつくる事業だ。小田原メガソーラー市民発電所および公共施設屋根貸し太陽光発電所（合計一・一メガワット）で、匿名組合出資による「市民ファンド」を導入した。太陽光発電による事業収益（東京電力に売電）から市民ファンドの出資者に元本返還および利益配分する仕組みになっている。ファンド募集を開始してから数か月で地元をはじめ全国から一八〇余りの出資者が集まり満額となったそうだ。さすが尊徳生誕の地、市民と企業に推譲の精神があふれている。

ほうとくエネルギー株式会社は、こうして市民や地域企業による再生可能エネルギーの普及を日々推進している。最近では、大正時代からこの地域で活用していた小水力発電所を再興し、文化財としても再生していく計画も進めているそうだ。

このほかにも、未来の子供たちにより良い自然環境をバトンタッチしていくために、環境教育や小学校への蓄電池寄付など、様々な地域貢献活動を展開している。

蓑宮武夫社長（二〇二三年に他界）は、設立の経緯を次のように話した。

「二〇一一年三月一一日、東日本大震災を機に日本のエネルギーシステムは大きな転換点を迎えました。そこで深刻化した電力問題。観光客で賑わった小田原の街はにわかに閑散となり、地域を支える産業は社会活動の自粛を余儀なくされました。私たちの生業は、まさに安定のうえでこそ成り立っていることを強く感じた瞬間でした。安定した地域社会のため、さらに緊急時に命を守るバックアップ電源としても、地域で使う電力は地域で創り出していかなければならない。そこで有志が集まり『小田原で再生可能エネルギーを創る！』という目標に向け、大きな一歩を踏み出すことになりました」

さらにその理念をこう語っている。

「二〇一二年一二月、市民・地元企業と小田原市が連携し『ほうとくエネルギー株式会社』が誕生しました。この社名は、『地域に眠っている〝徳〟を、地域の力で掘り起こす』という二宮尊徳翁の報徳思想に基づいています。小田原の地は、長い日照時間と豊かな森林や河川、そして眼前の相模湾と自然環境に非常に恵まれています。この貴重な資源からエネルギーを生み出し、地域で活用していく。さらに、そこで生まれた収益を市民に還元し、地域でお金を循環させていく……。まさに尊徳翁がかつて実践していた『徳を以って徳に報いる』地域社会そのものの姿です。〝他人ごと〟ではなく〝自分ごと〟として、さらに一人ひとりが志をもった〝志民〟となってエネルギーを創出していく仕組み、それこそが『小田原ソーラー市民ファンド』なのです」

地域有志の推譲の精神でファンドをつくり、金融手法を駆使して利益を生み出し、地域に還元する。地域の徳（特性）を活かして地域を発展させる以徳報徳の精神が、見事に開花した素晴らしい事業ではないか。泉下の尊徳翁もさぞかし喜んでおられることだろう。

総勢一五〇名が参加して中国で開催された「尊徳思想学会」

北京好日――平成二六年（二〇一四）一〇月一八日、中国北京は晴天に恵まれ、清華大学キャンパスの蒙民偉音楽庁のホールは熱気に包まれていた。日本からの参加者六五名に加え、中国側の北京・大連・南京・西安・天津・上海・広州などからの研究者を含め、総勢一五〇名が参加して「国際二宮尊徳思想学会・第六回学術大会」が開会された。

当初は二年前に開催予定だったが、直前の尖閣諸島問題での日中の対立が激化し、その影響で取りやめになってしまった。こうした経緯もあり、ようやく開催にこぎつけた関係者の喜びもひとしおで、久々の対面に、中国側の〝熱烈歓迎〟ぶりは際立っていた。

清華大学の謝維和副学長は、開会に当たり、次のように述べた。

「中日両国は一衣帯水の関係。古来、文化や経済面で様々な交流の積み重ねがある。京都や奈良には唐や宋の建築様式がほぼ完全に近い形で保存されており、中国には日本のアニメがあふれている。現在、中日関係は厳しい冬の時代だが、尊徳の教えには中国の伝統的な思想が含まれており、現代的に見ても重要な意味があるので、中日の関係改善に大いに寄与するものと思う」

基調講演では、中国側の大連民族大学の王秀文教授が中国での尊徳研究の歴史を踏まえながら、

「近年来、中国政府は三農問題の解決、社会保障による所得格差の縮小、官僚や幹部の汚

職・賄賂などといった悪徳行為の撲滅などに力を入れ、経済発展に伴って顕在化してきた社会問題を解決しようとしている。こういうなかで、二宮尊徳の思想の核心を成す『天道人道論』『勤労・分度・推譲論』『道徳経済一元論』の理論と実践についての研究が、中国における現実問題の解決に必要であり、また大いに参考になるものと思われる」

と、中国における尊徳研究の価値についてわかりやすく語った。

一方で、日本側の東北大学の大藤修名誉教授は、歴史のなかの二宮尊徳についての実証的な分析をしながら、こう訴えた。

「今日、日本社会は市場原理主義に席捲《せっけん》され、貧富の格差が拡大し、国家の福祉機能も減退して、貧窮者は生存の危機にさらされている。また、国際的な緊張関係も高まっている。こうした状況に鑑みるとき、似たような状況下にあって尊徳が唱えた『報徳』の思想とその実践は、顧みる価値を大いにもっていよう」

その後二日間にわたり、「報徳思想と現代社会」をテーマに日中の研究者による意見発表が行なわれた。中国側からは、「報徳思想と中日における文化的アイデンティティー」「孔子の『大同』、尊徳の『至誠』と和諧社会」「二宮尊徳の捉えた公共利益――公共哲学の視点から」など、日本側からは「現代社会の行政・学校教育に見る『金次郎』認識」「報徳思想から見た現代日本の経済倫理」「徳倫理の展開と社会形成」「二宮尊徳の報徳思想と社会倫理」など、今日的視点で捉えた興味深い研究に注目が集まったようだ。

それぞれの発表の後には、会場から様々な質問や意見が出され、活発な討議が行なわれた。

最後に、全体の総括をした清華大学の金勲教授は、「二〇一二年以降の苦難の中日関係のなかで、このような規模の文化交流が行なわれた意義は大きい。私は領土問題より、歴史や文化の共通認識を図ることが大事だと考える」と総括し、尊徳を通しての日中関係改善の取り組みへの期待を述べたのである。

ちなみに、清華大学は中国屈指の名門大学だが、中国からの参加者は清華大学だけでなく、北京大学、大連民族大学、北京郵電大学、中国農業大学、華東師範大学、華東理工大学、広東外語外資大学、社会科学院、孔子書院など、多岐にわたっていた。中国での尊徳研究がこれだけ広がっていることに驚かざるをえない。

近年、中国については、経済発展に伴う国内の貧富の格差拡大や環境悪化の進行、少数民族問題、政官界の腐敗、農民工問題、人権の弾圧など、様々な難問が指摘されている。最も深刻なのは、経済優先のなかでの、あまりにも酷いモラルの崩壊であろう。

こうした国内政治の矛盾のはけ口を日本や周辺諸国に向けるような手法は慎んでもらいたいものだ。さもないと、グローバル化した現在、やがてブーメランのように自らにツケが回ってくるだろう。

問題解決の糸口として、政治や経済の力もさることながら、文化交流によるお互いの認識の高まりが重要であろう。中国要人とも親交が深く、国際文化会館の理事長も務めた松本重治は、「文化交流は人に始まり、人に終わる」というが、まさに文化交流は人と人とのつながりがすべてだ。

「国際二宮尊徳思想学会」のような文化交流のコミュニティーが存在し情報交換がなされることは、日中の相互理解を促進するうえで、果たすべき意義や役割は大変大きいものがあると考えられる。

中国近代化の時代に作家・思想家として活躍した魯迅は、こんな言葉を残している。

「思うに希望とは、もともとあるともいえないし、ないともいえない。それは地上の道のようだ。そもそも地上に道はない。歩く人が多くなれば、それが道になるのだ」

「国際二宮尊徳思想学会」はいかに設立されたのか

二宮尊徳の国際学会があると聞いて、驚かれた方も多いと思う。「国際二宮尊徳思想学会」は平成一五年（二〇〇三）に設立されているが、実は、ある日本人と中国人の出会いが機縁となっている。小田原にある報徳博物館の草山昭館長と、北京大学日本文化研究所長の劉金才教授である（役職はいずれも当時のもの）。

その事情と経緯を知りたくて、報徳博物館を訪ねたことがある。

「助教授時代の劉金才先生が法政大学に留学していたことがありました。たしか平成四年でしたか、私の友人を介し、二宮尊徳について教えてほしいと劉先生が訪ねてこられたのです」――草山館長は当時を語ってくれた。

劉金才教授の研究テーマは、「なぜ、日中間には経済格差が生まれたか」だった。ところが、どう調べても具体的な根拠が浮かんでこない。経済学的な研究手法だけでは日本経済のことはわからないのである。

困った劉教授が研究の手法を拡大しようと考えはじめた頃、日本の知人からこんな提案があった。

「私の友人に二宮尊徳の専門家がいるので、研究の参考になるかもしれないから、会ってみたらどうです。ご紹介しますよ」

劉教授は、ワラをもつかむ思いで報徳博物館を訪ねてきたという。

「分度と推譲を中心に報徳思想や報徳仕法の話をしました。お帰りになるときに、報徳思想や報徳仕法に関する本もお渡ししました」

そのときはそれで終わったが、それから四年後、帰国していた劉教授から、「尊徳に関する小論文をまとめました。目を通してください」という便りがあり、以後、頻繁に連絡をとるようになったという。

劉教授は、研究の参考になれば、という程度の軽い気持ちで報徳博物館を訪ねたのだろうが、草山館長の説明する報徳思想に魅了され、帰国後もコツコツと研究を続けていたようだ。

「そうこうするうち、平成一四年（二〇〇二）に北京大学で報徳思想のシンポジウムを開催するから、日本からも来てくれませんか、という連絡が来たのです」

草山館長は、日本から報徳関係者を連れて北京を訪れ、驚かされた。最初は、劉教授の所属する学部が主催するシンポジウムということだったが、北京に行ってみたら、様々な学部や研究所も加わる北京大学を挙げての大学主催シンポジウムに昇格していたのである。

それだけではない。北京師範大学や広東外語外資大学、福建華僑大学、南京師範大学、中国中医科学院、中国日本史学会、中華日本学会などの研究者も参加する全国規模のシンポジウムになっていた。

その席上で、「一過性のシンポジウムではなく、定期的に研究交流をする学会にしようじゃないか」という提案があり、翌年の平成一五年（二〇〇三）四月、小田原で「国際二宮尊徳思想学会」が設立されたのである。そして、前年のシンポジウムを第一回大会とし、以後、二年に一度の学術大会を開催することが決定された。

なお、前年のシンポジウムの際の日本と中国の研究者に加え、設立時には韓国、米国、カナダ、英国の研究者も加わるようになっていた。文字どおりの「国際」学会になったわけだ。

「報徳思想は、中国のモラル崩壊を食い止めるために有効な薬」

こうして中国にまで尊徳の信奉者が拡大してきたわけだが、海外の研究者たちは、尊徳の確立した報徳思想、尊徳が原理を作った報徳仕法のいったいどこに魅力を感じているのだろうか。

その疑問への答えは、ある中国人女性への取材によって得ることができた。実は、報徳博物館の草山館長を訪ねたのには、もう一つの目的があった。中国から報徳思想の研究に訪れている楊絮さんという中国人女性を取材したいと考えていたのである。

楊女史は上海の華東理工大学を卒業後、小田原の報徳博物館の研究員生として報徳思想の研究をしている留学生で、華東理工大学では「行政倫理」を専攻しているとのことだった。

彼女の説明によると、当時、中国政府は「公務員の倫理規制」という法律を成立させた。その公務員倫理の柱として、中国共産党がかつては排撃の対象とした儒教倫理を導入したいという狙いがあるらしい。

ただ、それだけでは不足と考え、楊女史は、行政管理のなかに報徳思想の実践を導入できないか、と研究をしているそうだ。

「不足というのは、中国にはもともと、推譲という発想がないからなんです」

草山館長が、以下のように補足してくれた。

「ええ、劉先生に最初に推譲の説明をしたときも、先生は戸惑っていました。その後、推譲の概念をつかみ、これこそが中国に欠けているものであり、この考え方を導入することこそが現代中国にとっての急務だと、報徳思想の研究に熱中されることになったのです」

草山館長のお話と、楊女史の説明を総合したところ、中国は昔から族社会だったという。族社会とは、一族の繁栄を第一とする社会である。たとえば、一族の誰かが出世したとする。出世した人には、一族を引き上げる道徳的な義務が生じる。出世することによって得た財も一族に施す。

「要するに、博愛の対象はあくまで一族であり、博愛を広く人に及ぼすという考えは最初からないのです」

だが、族社会の慣習が現代にも残っていては困る。公権力を握っている役人が、自分の家族や一族への利益誘導を図ることになるからである。

といって、罰則を強化するだけでは利益誘導を阻止することは難しい。その役人にとっては、昔ながらの正当な慣習に則っているにすぎないからである。処罰されても、悪いことをしたという自覚は生まれないだろう。だからこそ、尊徳の推譲の考え方を導入する必要があるという。

ならば、国際二宮尊徳思想学会に加わっている外国人研究者の場合も、推譲に魅力を感じたから参加したのだろうか。

「それが一番大きな魅力でしょうね。つまり、尊徳の思想のなかにある道徳経済主義です。推譲の発想を持っていない民族、希薄な民族って、思った以上に多いですよ」

なぜ今、中国で尊徳が評価されているのか。前に紹介した劉金才北京大学教授は次のように解説している。

「中国には、新しい経済価値の再建が不可欠です。尊徳の至誠、勤労、分度、推譲といった倫理は、日本の資本主義的経済発展の精神的バックボーンになりました。それを導入すれば、中国にとっても有益だと思います。また、尊徳の経済道徳一元論は、計画経済体制から市場経済体制への移行期の中国社会に現れた、物質・実利・金銭を追求し、精神・道徳・倫理を省みないといった、モラル崩壊を食い止めるために有効な薬と思われます」

鄧小平以後の改革開放路線で一大経済発展を遂げた中国は、モラルハザードによる様々な弊害に直面しているのはご承知のとおりである。

中国にとって、かつて文化大革命で盛んに批判した儒教を、今さら党や政府挙げてすんなり受け入れるわけにはいかないのだろう。一方、いうまでもなく、報徳思想の源流は儒教である。報徳思想を介して、そのバックボーンともいうべき儒教文化を逆輸入したいという思惑もあると聞いた。

中国での尊徳研究の大御所である大連民族大学の王秀文教授は、今回の学会での報告で、現代中国における尊徳研究が急発展した背景と理由を次のとおり明確に分析している。少し長くなるが、中国での尊徳研究の現状を知るうえで有益なので紹介したい。

「第一は、一九七八年から始まった『開放改革』政策の成果の一つとして、全面的に思想が自由に語られるようになった。これが中国において尊徳研究が活発に行なわれるようになった客観的な条件である。半世紀前までは、二宮尊徳は中国ではあまり知られていなかった。たとえ知る人があっても、尊徳の説教が徳川時代の封建体制の施政者側の年貢徴収策であったとか、明治政府の国体を擁護し、社会的矛盾を覆い隠す社会調和のイデオロギー的手段であるとか、戦時中、国民道徳として軍国主義者に都合よく利用されたとか、戦後の民主主義に相容れない封建主義的倫理といったようなイメージが強く、研究として取り上げるべき対象にならなかった」

「第二は、報徳思想に対する儒教思想の深いかかわり方が、中国で尊徳研究が盛んになった根本的な要因である。尊徳は幼いときに『四書』を一通り習得したといわれ、『報徳』という用語そのものも儒教の経典『論語』に由来していることなどから、儒教が報徳思想の重要な源泉であることがわかる。特に、儒教に詳しい中国人学者にとって、儒教の日本での伝播・変遷・応用の態様は非常に魅力的で、かつ比較研究の格好の材料とされてきた」

「第三は、アジアで最も早く近代化を実現し、世界屈指の経済大国になった日本は、東洋の諸国のなかで近代化への経験を豊かに持っている。このような日本は、『四つの現代化』をめざして改革開放政策を採った中国にとって、どこよりも身近な手本であった。そのために、ここ三〇余年来、多くの学者が日本近代化の要因を探り出そうと努力してきた。その目標のうち、日本の近代化や経済成長を支えてきた精神的文化的要因として、尊徳の報徳思想に着目し、その積極的な役割について研究することは、当然の成り行きであった」

「第四に、一九九二年から市場経済を導入しはじめた中国では、人々の価値観や倫理的志向などの面において激しい変化がみられ、道徳喪失・拝金主義・自分本位の物質的欲望の充足に走る傾向が強くなり、ますます深刻な社会問題になってきた。そのうえ、経済発展による地域差・都市農村の格差・所得の格差などの拡大に伴う社会問題が、多くの人々に危惧されている。そこで研究者は、日本の物質的文明と精神的文明の調和に多大な貢献を為した二宮尊徳の道徳経済一元的な思想に着目した。それは単なる精神主義に偏ることなく、道徳と経済が協調しあい、一つに融けあう社会を実現するという報徳の思想と実践を参考に、問題の解決にあたろうとするものである」

お隣の大国中国において、経済社会を改革するために、報徳思想がこのように参考にされていることに驚きを禁じえない。

注目すべきは、中国側で、草分け的な大家の下に若い研究者が育ってきていることである。北京大学大学院の卒論で二宮尊徳を取り上げる研究生もいるそうだ。こうした若い世代が将来の日中交流の懸け橋となってくれることを心から願いたい。併せて、日本側も若い世代から尊徳研究者が続くことを期待したい。

尊徳も、「徳を海外万国に推し及ぼせ」と訴えている……。

ブラジルに渡った二宮金次郎像

私が神奈川県知事を務めていた平成二一年（二〇〇九）一一月、県庁の知事室を、ブラジルからの一人の賓客《ひんきやく》が訪れた。高坂みつ子さん。彼女はブラジル・サンパウロ大学出身の日系二世である。

神奈川県との友好交流先の方々はもとより、海外からの訪問客を知事室に迎えることは珍しくない。しかし、高坂女史の訪問は、私にとって格別の思いがあった。なぜなら、高坂さんの訪日の目的は、神奈川を拠点に二宮尊徳の研究をすることで、その研究生活のスタートにあたり、県庁に私を表敬訪問してくださったからである。

高坂女史の知事室訪問から遡ること一年余の平成二〇年（二〇〇八）六月、日本からのブラジル移民一〇〇周年を記念し、私はブラジルを訪問する機会に恵まれた。神奈川県知事としては実に二三年ぶりの訪問であった。

現地では、神奈川文化援護協会（県人会）や日系移民関係団体との意見交換をはじめ、ブラジル国営石油公社や州政府を視察し、さらには経済セミナーを開催するなど、充実したスケジュールだった。なかでも日系人の皆さんとの交歓は感慨深いものがあった。

ブラジル移民一〇〇年――今では、二世、三世はもとより、四世、五世の方も活躍されているそうだ。大いなる夢を抱いての移民だったが、当初聞いていた話とはずいぶん開きがあり、苛酷な処遇に甘んじなければならない場面もあったという。また、地球の反対側での生活は、自然や社会環境も母国日本とは大きく異なり、忍従の生活を余儀なくされた。

そうした日々の心の支えになったのは、ほかならぬ「二宮金次郎」の姿だったと、多くの方から聞かされたのが、なぜか私の心に深く残った。

帰国後の七月、サンパウロの県人会の方から、一通のメールが届いた。私のブラジル訪問への謝意とともに、次のような依頼があった。

「知事との懇談のなかで、二宮尊徳の功績の話に強い感銘を受けた。郷土神奈川が生んだ偉人であり、日本の精神文化の一つの象徴であり、日系移民の心の支えであった二宮金次郎の思想を、移民一〇〇周年を機会にブラジルの若い人たちにも広めていきたい。しかし、ブラジルにはその象徴となる二宮金次郎の像がない。ぜひ、神奈川県から贈っていただけないか」

遥かブラジルの同胞に思いを馳せ、この熱い願いをかなえてあげたいと考えた。実現するにはどうしたらよいか。まずは、「金次郎像」の確保である。小田原の報徳博物館の草山昭館長（当時）に相談してみた。草山館長は即座に趣旨にご賛同くださった。

「ちょうどよい金次郎の像が報徳博物館にある。そういうことなら、ぜひブラジルに届けてほしい」

大変ありがたいお話をいただき、「よし、これでなんとかなる」と安堵したものであった。

金次郎像のみを贈呈するのなら、後は輸送経費の問題だけである。財政事情は厳しいが、県費での確保策もあるだろう。しかし、私は考えた。郷土が生んだ偉人である二宮尊徳、私自身も二宮尊徳には思い入れが深い。この機会に、二宮尊徳の理解を拡大することにつなげられないか。

そうした願いもあって、県民の皆さんに広く参加を募って進めるべきではないかと考え、報徳福運社の佐々井典比古理事長、河野洋平衆議院議長、ブラジル出身のカルロス・ゴーン日産自動車社長（役職はいずれも当時のもの）など、ゆかりのある著名人に呼びかけ人になっていただき、「二宮金次郎像、ブラジルに渡るプロジェクト」を同年九月にスタートさせた。

内容は、金次郎像のブラジル日系団体への寄贈や二宮尊徳関係図書・CDの寄贈、ブラジルでの「二宮尊徳セミナー」の開催であり、そして、それらに要する費用をすべて県民の皆さんからの寄付金で賄おうというものであった。

プロジェクトの趣旨は共感を呼び、マスコミにも大きく取り上げられた。県内のみならず北は北海道から南は九州まで、三〇〇〇を超える個人・団体から、目標の三〇〇〇万円の三倍の九〇〇〇万円もの寄付金が寄せられた。ここでも、尊徳伝来の推譲の精神が大いに発揮されたわけだ。このような盛り上がりの背景には、ブラジルの日系人へのねぎらいがあり、また、二宮尊徳の思想や生き方に今なお、日本人の心を打つものがあることを改めて認識させられたものだ。

金次郎像の出発式は一一月二八日、小田原市栢山の尊徳記念館内の「尊徳生誕の家」の前で、地元の加藤憲一小田原市長など多くの関係者の参加を得て行なわれた。私もプロジェクトの立案者としてお礼の挨拶を申し上げた。式典の最後に、地元のかわいらしい報徳幼稚園児が覚えたばかりの「唱歌・二宮金次郎」を大きな声で元気に合唱してくれた光景が忘れられない。

こうして、多くの方の見送りを受け、金次郎像は、一二月上旬、横浜港からブラジルへと船出したのである。

翌年二月、サンパウロでの「金次郎像除幕式」「尊徳セミナー」には、草山報徳博物館長のほかに、二宮尊徳の玄孫である二宮精三氏も参加された。念願の金次郎像の除幕を子孫が行なったということで、日系人の喜びも格別だったようだ。

ちなみに、この金次郎像は当初、神奈川県人会館の内庭に仮設置されていたが、一年後には全国組織である「ブラジル日本文化福祉協会」（文協ビル）の敷地内に移設され、日本各地からのブラジル移民や日系人の目に広く触れるようになったのは嬉しいかぎりだ。

このプロジェクトをきっかけに、悠久のブラジルの大地に悠久の報徳思想が根づき、金次郎像が懸け橋となって日本とブラジルとの間で文化交流や相互理解が進む一助になれば、喜びこれに勝るものはない。

最初に紹介した高坂女史は、そのような交流の先駆け、トップランナーとなった。

「もしもドラッカーがもっと早く尊徳に出会っていたら」

二〇〇九年のことだが、岩崎夏海の小説『もし高校野球の女子マネージャーがドラッカーの『マネジメント』を読んだら』がブレイクして、ドラッカーブームに火が付いた。

現代経営学の発明者といわれるピーター・ドラッカーも、日本式経営の素晴らしさと、その始祖ともいわれる二宮尊徳を信奉していたといわれる。

ドラッカーは一九〇九年、オーストリアのウィーンで生まれ、ロンドンでのエコノミスト活動を経て渡米し、学者そして経営コンサルタントとして活躍した。少し先輩の方なら、日本でもベストセラーになった『断絶の時代』や『見えざる革命』などの著書を思い出されるのではないだろうか。

さて、時代も国も異なる尊徳とドラッカーだが、この二人には経営コンサルタント的な面で、あるいはマネジメントの先駆者として、多くの共通点があることに驚かされる。

ドラッカーは、マネジメントのコンセプトとして、①生産性向上のための科学的管理法②組織構造としての分権組織　③人を組織に適合するための人事管理　④明日のためのマネジメント開発　⑤管理会計　⑥マーケティング　⑦長期プランニング　の七つを挙げている。企業にとってのマーケティングとイノベーションの必要性を説いている。まさに、報徳仕法の計画性、効率性、合理性と共通するコンセプトである。

さらに、「企業＝営利組織ではない。利益と社会貢献は矛盾するとの通念があるが、企業は高い利益を上げて、初めて社会貢献を果たすことができる」と述べているが、これは尊徳の「道徳経済一元論」や渋沢栄一の『論語と算盤』の趣旨に相通じるものを読み取れる。

事実、ドラッカーは晩年、尊徳の報徳仕法・報徳思想を研究するために、日本の大学の最高顧問になる予定だった。「資本主義国のみならず、社会主義国にも適応できる思想だ」と高く評価し、英語文献を送ってほしいと要求していたそうだ。

ドラッカーは名著『マネジメント』で次のようなメッセージを残している。

「私は、二十一世紀の日本が、本書に多くのものを教えてくれた、（明治期の）あの革新的で創造的な勇気あるリーダーたちに匹敵するような人たちを再び輩出することを祈っている」

経営学の元祖ドラッカーは、尊徳と尊徳を信奉する実業家たちに敬意を抱き、彼らの後継者たちが、長く低迷する日本経済再生をしてくれることを願っていたのだろう。

もしも、ドラッカーがもっと早く尊徳に出会っていたら、もう一つの名著が世に出ていたかもしれない。

グラミン銀行のマイクロクレジット

第一章でも紹介したが、グラミン銀行とは、マイクロクレジット（無担保少額融資）と呼ばれる融資手法によって草の根レベルの起業を促し、それによってバングラデシュの貧困の削減に大きく貢献している銀行である。

その創設者ムハマド・ユヌス氏は、著書『貧困のない世界を創る』のなかで、マイクロクレジット起業資金の融資は、職業訓練などよりずっと貧困削減に貢献すると説く。なぜなら、すべての人間のなかには企業家としての能力があり、起業融資は、「個々の人間の内部にある創造性のエンジンにスイッチを入れる」ことになるからという。

また、マイクロクレジットによる起業は、自然と生活の身近にある「ソーシャル・ニーズ」を満たす「ソーシャル・ビジネス」になるとも説く。その証拠に、マイクロクレジットを受けた人の九七パーセントは女性だという。こうして起業されたソーシャル・ビジネスは、「損失もない代わりに配当もないビジネス」になると説明する。

言葉を換えるなら、既存の企業活動である「最大利益追求型のビジネス」ではなく、たとえば介護や幼児保育などの「特定の社会的目的を追求するビジネス」になるというのである。

ユヌス氏の主張のとおりになるのなら、人類の経済活動に革命を起こすことも可能になる。というのは、資本活動には本来的に、極めてアナーキーなところがあるからである。つまり多くの場合、資本とは「特定の社会的目的を追求」するために投資されるのではなく、儲かるところならどこでも良いから投資される。ひたすら自己の肥大化をめざして、あてどなく暴走しがちな性質がある。

ところが、ユヌス氏のやり方なら、銀行融資も企業活動も、「特定の社会的目標を追求」するために限定される。資本のアナーキーな暴走をコントロールできる。もちろん、ユヌス氏のやり方が国家レベルの経済活動（経済運営）にそのまま適用できるとは思わない。それはあくまで、地域経済に向いたやり方であろう。しかし、一定の解決策を示すものであることは間違いないように思う。

なぜなら、そこに尊徳が実践した報徳仕法と共通するものがあるからだ。尊徳は低金利の少額融資をすること（推譲）によって、個々の村人の内部に本来的にある創造のエンジンにスイッチを入れた（勤労）のである。ユヌス氏のマイクロクレジットと酷似している。

彼が尊徳の思想や事績を知っていたかどうかはわからない。だが、知っていたか知っていなかったかにかかわらず、広い意味での尊徳の後継者であることに違いない。

マイクロクレジットを柱とした経済システムは、発展途上国に適したシステムであることは間違いない。

しかし、経済先進国型のそれを日本に構築することはできないだろうか。

日本経済を評して、「お風呂の湯船の上のほうだけに熱いお湯が還流し、下のほうは冷たいまま」とする見解がある。マネーフローが輸出産業を中心とした大企業間にばかり回り、中小企業や零細企業、あるいは勤労者の家計にはなかなか回ってこない姿をたとえた表現だ。ならば、下のほうにもう一つ別の還流システムを導入したらどうか。つまり、マイクロクレジットによる起業の促進である。それによってマネーフローがお風呂全体に及んでくるのだ。

マネーフローだけでなく、地域レベルの雇用促進にもつながり、それを通じて過疎対策の効果も生むだろう。まさに地方創生である。

さらに大きな意味も生じる。マイクロクレジットによる起業は、前述のように、そのほとんどが「ソーシャル・ビジネス」になる。福祉や教育、文化などに特化した企業活動、あるいは地域特産品の掘り起こしや、地域ならではの特色をもった観光振興などである。その起業を促進することで、「大量生産による拡大再生産の連続」という従来までの経済モデルとは異なる、もう一つの価値も手にできるのではないだろうか。

「財」とは、決して物質だけを意味してはいけない。より良き教育を受ける機会や、豊かな文化を楽しむことのできる場の存在などもまた、大切な「財」を生むことにつながる。

これが、私のいう経済先進国型のマイクロクレジットである。新しい「五常講」といえるかもしれない。ぜひ、日本で推進してみたいと思っている。

現代に生きる報徳思想

戦後の日本では、高度経済成長やバブル崩壊を経験し、急激な価値観の変化に見舞われた。それによって使い捨て文化、暖衣飽食、教育崩壊、格差社会など、とんでもないエゴイズムを生み、自分だけがよければいいという風潮が生じ、今日の様々な社会的病理現象の温床となっている。また、企業活動においても拝金主義がはびこり、モラルハザードによる不祥事が後を絶たない。物質文明追随の危機に瀕しているともいわれる。

報徳思想・報徳仕法には、現在の日本を再生させるために必要な改革のエッセンスが含まれている。いや、現在の日本にとってだけではない。現在のグローバルな国際社会が必要とする改革のエッセンスが含まれているといっても過言ではない。

ひょっとしたら、わが国が世界各国に発信できる最良の文化資産こそ、報徳思想・報徳仕法であるかもしれない。

ここでいうエッセンスとは、「経済を伴わない道徳は戯言である。道徳を伴わない経済は罪悪である」という「道徳経済一元論」のことである。

今、地球規模で深刻な経済格差が生じている。実際に飢えて死ぬ人もいるし、国を捨て、難民・移民とならざるをえない人々も急増するという深刻きわまりない格差、富の偏在である。

「道徳を伴わない経済」はマクロ、ミクロ双方の害を生む。格差というミクロの問題も生むし、過剰流動性という危険きわまりないマクロの問題も生む。これはなんとか是正しなければならない。

国際二宮尊徳思想学会の会長を務める京都産業大学の並松信久教授は、次のように述べている。

「現代社会において市場主義が限界を持つのは『格差』問題をみれば明らかである。市場の限界は、従来まで政府機能の強化によって是正できると考えられていた。しかしながら政府の機能を強化したとしても、『より善き社会』をつくることに結びついていない。人間の行動規範としての道徳観や善悪の基準こそが『より善き社会』の実現に大いにかかわることによって、活力と幸福と公益に満ちた『より善き社会』が生まれるとすれば、何より道徳倫理を再考することが必要である」

「『より善き社会』の実現と人や組織のつながりを有効に結びつけるものは何か。それは人間の行動規範であり、人間のつながりは行動規範を同じくする者の間に生まれ、そのつながりによって、『より善き社会』が形成されると考えられる」

「至誠・勤労・分度・推譲を一連のものと捉え、過去から未来への継続性を強調する報徳思想は、共同体の限界を打ち破る公共性を持ち合わせていた。報徳思想における道徳倫理は、『私』という個人を生かしつつ、人々の公共性を開花させ、『公』を開いていくことに通じる」

「保守主義の父」として知られるエドマンド・バークは、著書『フランス革命の省察』のなかで、こう述べている。

「現代を生きる人々が享有している過去の社会の財産は先祖から相続したものであり、私たちにはこの過去からの貴重な宝物をいっそう望ましいものにしたうえで次の世代へと受け継がせる義務がある」

わが国の今後の発展をめざしていくうえで重要なことは、日本人の普遍的な価値と社会的な規範を模索し確立していくことであろう。だからこそ、今、二宮尊徳の思想を見直すべきなのである。

江戸時代後期、二宮尊徳によって導かれた報徳思想と報徳仕法は、日本人の価値と規範を創りあげてきた文化的精神的な財産である。その貴重な財産を私たちは現代に引き継ぎ、次の世代に伝えていかなければならない。

日本が世界に誇れる精神的文化財産である報徳思想・報徳仕法を、今日の日本社会のなかで甦らせていきたいものである。

おわりに——報徳仕法とマニフェスト改革、そして歴史教育

私と尊徳の出会い

私と二宮尊徳の最初の出会いは、亡くなった父からの教えであった。尊徳は、わがふるさと神奈川が生んだ最大の偉人だったからである。

尊徳の生誕の地は、相模国栢山村、現在の小田原市栢山である。

私が幼い頃、小田急小田原線の栢山駅から富水駅にかけての一帯には広々と田んぼが広がり、付近を流れる酒匂川の土手道には松並木が続いていた。当時、わが家の夏休みは、神奈川を代表する観光地箱根へ旅行することが多く、住まいである川崎から車で国道一号線を走って箱根に向かう途中、父は必ず尊徳の話をしてくれたのを覚えている。

酒匂川を渡れば、間もなく松並木が見えてくる。すると父は、「ほら、あの松並木は二宮金次郎が植えたんだよ」と「唱歌・二宮金次郎」を歌いながら「金次郎の生きざま」を教え

てくれたものだ。その他、折々に二宮尊徳にまつわる話をしてくれた。

そして、私は平成一五年（二〇〇三）から神奈川県知事を務めることになった（平成二三年まで）。知事在任の間は西湘方面（小田原を中心とする神奈川県西部地域）を視察することも多く、そのなかで二宮尊徳の偉大な功績を再発見できたことは政治家として大きな収穫であった。尊徳は「報徳仕法」に基づき、各地で疲弊した農村を救い、天領や藩の行財政改革を成し遂げた、偉大な改革者であり実践家でもあったからである。

こうした実践力は、いつの時代でも政治家に求められるものであろう。

尊徳は、自らの実践を通じこう説いている。

「天地の真理は、不書の経文にあらざれば見えざるものなり」

これはすなわち、天地あらゆるものの真理は書物や文字にとらわれず、直接に大自然の現象や生きた人間社会を研究することにより発見されるということである。まさに「現地現場主義」に通じる教えだ。郷土の大先輩が江戸時代後期に現地現場主義に基づき各地で改革を実践したという史実を知ったとき、私は大きな感銘を受けたのである。

さらに、二宮尊徳の報徳仕法には、政治家として政策を推進していくなかで、大いに学ばされるところがあった。

最初の問題意識は、「マニフェスト改革」のあり方である。私は、政策実現のための手法としてマニフェスト改革を標榜しているが、勉強すればするほど、経験を積めば積むほど、二宮尊徳の報徳仕法と私のめざすマニフェスト改革にいくつもの類似性があることに驚かされたのである。私が重視する現地現場主義と同じ発想があるのだ。

幕末の農村を立て直す際、尊徳は徹底的な現地調査から始め、また、自らが現地で指揮を執った。さらには、必ず具体的な数値目標を掲げ、周囲にそれを公表して周知徹底させるなかでスタートし、確実に実践した。マニフェスト改革にほかならない。まさに報徳仕法はマニフェスト改革の原型であることに気付いたのである。私としては得がたい同志を得た思いであった。具体的に説明しよう。

①「仕法書」と「マニフェスト」

二宮尊徳は、農村改革や武家奉公した服部家や桜町領、相馬藩などの復興再建事業にあたり、相当過去にまで遡って歳入歳出を調査し、実績に基づいた目標である「分度」を定め、中長期的な視点に立った再建計画である「仕法書」を作成し、合理的な計画に基づき実行した。

一方、マニフェスト改革とは、検証可能な数値目標を掲げ、その実現手段や達成期限、財源なども明記して、定期的に達成状況の報告をするというPDCAサイクルを実施するものである。マニフェストは、「政策」中心の政治・行政を創造するツールであり、同時に、選挙、政治、行政を根本から改革する「発火点」でもある。

尊徳は、日本の近代民主政治が一〇〇年以上かけてようやく到達したマニフェスト改革を、江戸時代後期の社会改革の手法として、すでに実践していたといっても過言ではない。

②「回村現場調査」と「現地現場主義」

二宮尊徳は、最初に手掛けた大型復興事業である桜町領への赴任にあたって、事前に現地で入念に領地の隅々まで見て歩き、現地の状況を綿密に調査し、問題把握と解決策立案に役立てた。また赴任後も自ら早朝より「回村」し、現場の状況把握に努めるなど、直接の現場把握・現場尊重は、終生変わらぬ手法であった。

私も、現地調査や地域住民との対話から政策や改革を発案するという「現地現場主義」を徹底して実施してきた。マニフェストは重要だが、それのみに依拠して政策を進めるだけでは、十分でないことは当然であろう。政治の課題は日々生起し、新たな変化に対応していかなければ、地域住民の生活を守り、向上させることはできない。そこで、知事時代の私は、「ウィークリー知事現場訪問」と称し、直接現場に出向き現地を視察して、その場で地域住民や当事者、現場職員と対話を交わしながら、政策を立案し、政治を推進するという方法をとった。現代版の回村ともいうべき現場訪問は、私にとっても、政治活動の原点である。

③「芋こじ」と「タウンミーティング」

二宮尊徳は、庶民の知性、感性、判断力というものを、高級武士のそれにも劣らぬものとして評価し、信用した。村ごとに毎月、日を決めて自主的な寄合いを持つようにし、村役人や地主には発言を控えさせ、できるだけ農民から意見を出させるようにした。先にも触れたが、こうした会合を「芋こじ」と呼び、出された意見を積極的に取り入れたという。

私も現地現場主義の実践の一つの手法として、重要施策について、直接皆さんの意見をうかがう場として、各地で「ふれあいミーティング」と呼ぶタウンミーティングを実施してきた。また、「ウィークリー知事現場訪問」で現場を訪問した際も、必ず、現場の人々と意見交換会を実施するよう心がけた。これらは、常時、県民各層の意見をうかがい、県民本位の県政を進めるうえでの重要な手法であった。また、国政に復帰してからもタウンミーティングを開催し、全国各地を訪ね対話を重ねている。

このように、尊徳の生き方や考え方に共鳴するのはもとより、清廉で民主的なその改革の手法や輝かしい功績には驚嘆することばかりだ。神奈川県知事として、参議院議員として、また、政治家としても師表と仰ぐべき偉大な存在なのである。

日本の歴史を学び、縦軸思考を身につける

もう一つの問題意識は、高校での「日本史必修化」である。

私は、若い世代や次の世代が、素晴らしい先人の生きざまを日本の歴史のなかから学び、自らの生き方に照らしていくことは、大きな意義があると考えている。そのため、歴史を学ぶ意義や有益性を早くから唱えてきた。

ところが知事になってから、高校の授業では、世界史が必修で日本史は選択科目になっていることを知り、大きな疑問を感じた。

世界史を学ぶことは、国際的視野や国際理解を育むうえでの必要条件であることは十分理解できる。しかし、自分の国の歴史を学ぶ重要性はそれに勝るとも劣らない。自国の歴史・伝統文化を習得し、自己のアイデンティティーを確立した人間によって初めて国際理解は深

まり、国際的視野を育むことができるのである。

次の世代を担う高校生が、将来、国際社会で主体的に生きていくためには、わが国の歴史や文化・伝統に対する理解を深める教育は必要不可欠である。

中学では日本史が必修だが、歴史という科目はボリュームがあるので、授業が最後まで終わらないこともある。一番大切な近現代史、つまり幕末から明治、大正、昭和にかけて、大きな戦争も経験し、様々な社会変動があったなかで、日本がどうやって近代国家をつくってきたのかという歴史を学ばないまま大人になってしまう生徒もいるようだ。

私は、歴史教育は教育のなかで最も重要なものだと思っている。なぜなら、歴史を勉強して初めて縦軸で物事を考えることができるようになるからだ。過去から何を学び、今を生きる私たちは何をなすべきなのかを考え、そして不変のものとして未来に何を伝えるのかを考えることができる。これを縦軸の思考という。

歴史を勉強しないと、人間は横軸思考になりがちだ。自分の先祖とのつながりや、自分を通した未来とのつながりに関心が薄く、今の時代に生きる自分の幸福追求だけを考える横軸思考の人間にしかならないのではないか。利己主義が蔓延する今の日本は、そうなりつつある。私は、その最大の原因は、歴史をしっかり学んでいないからだと思っている。

私は教育委員会にも相談し、多くの関係者の理解と協力のもとに、県立高校での日本史必修化に向け、様々な働きかけを行なった。何度も文部科学省に対して日本史の必修化を要望してきたが、学習指導要領はなかなか改善されなかった。

このままではいけない。国が動かないのであれば神奈川から始めよう、と思い立ち、神奈川県独自で、平成二三年（二〇一一）度から高校の日本史を必修にするという教育改革を実現することができた。全国初の試みである。

高校日本史の必修化に伴い、教育委員会で神奈川独自の近現代史と郷土史の教材を作成した。そのなかで、小田原出身の偉大な改革実践者、二宮尊徳についても紹介してくれている。高校で日本史を勉強することによって、過去から学び、未来を見据え、今何をすべきかを考える、そうした縦軸思考の大きな心をもった青少年が、神奈川から巣立っていくことを期待している。

国政に復帰してからも、私はこの神奈川からの改革を全国に広めるべく、高校での日本史や近現代史の必修化を訴え続けた。参議院文教科学委員会でこの問題を何度も質疑で取り上げ、大臣に対して改革を迫った。

そしてついに、神奈川県での日本史必修化から遅れること三年、平成二六年（二〇一四）

に開催された中央教育審議会の総会で、文部科学大臣は高校での日本史あるいは近現代史の必修化を含む学習指導要領の改訂について諮問を行った。中央教育審議会は、この諮問を受け、二年間議論を重ね平成二八年（二〇一六）十二月に「世界史必履修を見直し、世界とその中における日本を広く総合的な視野から捉え、近現代の歴史を考察する『歴史総合』を必履修として設定する」との答申を示した。

ようやく国が動いてくれたという思いであるが、こうして、全国の高等学校で日本の近現代史が令和四年（二〇二二）から必修となった。

文部科学省はついに学習指導要領の改訂を決断し、私の求める教育改革が大きく前進した。今後は歴史や道徳の教科のなかで、二宮尊徳を偉人伝として教えてほしいと願っている。そしていつの日か、小学校の校庭に『金次郎像』が復活してくれることを夢見ている。

私は、このように尊徳を勉強し、歴史教育の重要性を訴えるなかで、著作を通じて、尊徳の教えを多くの皆さんに伝えることができないかと考え、平成二二年（二〇一〇）、尊徳の類い希な生きざまを『二宮尊徳の破天荒力』（ぎょうせい刊）という拙著に認め世に問うた。おかげさまで全国各地から反響があり、潜在的な尊徳ファンがこんなにいるのかと驚いたものだ。

さらに、尊徳の人間力に魅せられ学び続ける過程で、尊徳がその経験のなかから様々な名言を残していることを知り、その解説を試みようと平成二四年（二〇一二）に『二宮尊徳の遺訓』（鴻谷正博氏との共著、ぎょうせい刊）を出版した。

こうして一〇年近くに渡って尊徳研究を続けるなかで、私はある重大な事実に気付いた。二宮尊徳の教え、彼の改革理念や思想哲学は、戦後教育のなかでは疎かにされてきたが、尊徳の弟子たち、尊徳を師と仰ぐ財界人たち、尊徳を研究する学徒たちによって継承され、明治以後の日本の発展に寄与してきたという事実である。

そして、尊徳の改革理念や思想哲学は、日本のみならず中国やブラジルなど海外でも共感を得る、世界に通用する普遍的な価値であり文化的財産となっている事実である。

このような観点も加えて、内容としては『二宮尊徳の破天荒力』を大幅に加筆・修正し、私の尊徳研究の集大成として認めたのが本書である。

もとより私は歴史学者でもなければ研究者でも文筆家でもない。浅学非才を顧みず、政治家としての視点・観点から尊徳の改革理念と思想哲学を解説し、その美徳と価値を継承し普及していかなければという思いで書き上げてみた。専門の方々から見れば、誤解や間違いをはじめ足らざるところが多くあるだろうが、ご容赦いただきたい。

本書を仕上げるにあたって、取材、研究、執筆の過程で、報徳博物館の草山昭氏、歴史小説家の小泉俊一郎氏、報徳学徒の鴻谷正博氏、文筆家の嘉悦彩氏には、大変なご指導とご協力をいただいた。この場をお借りして心より感謝と御礼を申し上げる。

さらに、ＰＨＰ研究所新書出版部の川上達史編集長並びにスタッフの皆さま、そしてもちろん松沢事務所の秘書の皆さんにも本書の編集にあたってお世話になった。

こうした皆さまのご協力なしには、本書を書き上げることができなかったことはいうまでもない。皆さま、本当にありがとうございました。

私は日本国民の一人として、郷土神奈川の大先輩である二宮尊徳という偉大な人物に出会えたことを幸せに思う。そして、政治に携わる者として、尊徳の改革や思想から多くの事を学べる喜びを感じずにはいられない。さらに、この尊徳の教えを、日本のみならず世界の平和と発展のために広く普及できるよう心より望んでいる。

一人でも多くの人々が、二宮尊徳を学び理解するために、本書がその一助になればこの上ない幸せである。

令和六年（二〇二四）四月

松沢成文

二宮尊徳年表

年号	西暦	年齢(歳)	主要事項
天明7	1787	1	7月23日相模国栢山村に生まれる 天明の大飢饉　米価高騰し、打ち壊し多発 松平定信、倹約令を発す（寛政の改革）
寛政2	1790	4	弟友吉（三郎左衛門）誕生
寛政3	1791	5	大暴風雨で酒匂川決壊、田地の大半が流失する
寛政8	1796	10	大久保忠真が小田原藩主となる
寛政10	1798	12	父利右衛門病にかかる　わらじ推譲の逸話 本居宣長『古事記伝』完成
寛政11	1799	13	松苗200本を買い酒匂川堤に植える　末弟富次郎誕生
寛政12	1800	14	9月26日父死亡
享和元	1801	15	貧困窮まり極貧の恥辱を味わう、迎春の準備できず
享和2	1802	16	4月4日母よし死亡　一家離散　伯父万兵衛方に寄食する 十返舎一九『東海道中膝栗毛』（〜文化6年）
享和3	1803	17	菜種を収穫、捨苗を植えて籾1俵を収穫、積小為大の理を発見
文化元	1804	18	万兵衛方を去り、名主岡部伊助方に出入する　観音経の逸話
文化2	1805	19	二宮七左衛門方に寄食　余耕の米20俵と伝えられる
文化3	1806	20	自家に帰る　田地9a余を買い戻す

文化4	1807	21	弟富次郎死亡
文化5	1808	22	母の実家に援助する　俳句を楽しむ
文化6	1809	23	本家再興基金を設定する　田地26a余を買い戻す
文化7	1810	24	田地1・4haとなる　江戸・伊勢・金比羅へ旅行
文化8	1811	25	服部家の若党となり、子息の修学を助ける
文化11	1814	28	服部家の使用人を中心に五常講を試みる
文化12	1815	29	服部家から帰る　同家の家政整理・借財償還訂正書を作る 杉田玄白『蘭学事始』
文化14	1817	31	中島きのと結婚　田地3・8ha余となる
文政元	1818	32	服部家の家政整理を引き受ける　忠真公から表彰される
文政2	1819	33	長男徳太郎生れ、死亡　妻きのと離別する
文政3	1820	34	岡田なみと結婚　斗桝の改良　藩士の五常講創設
文政4	1821	35	桜町領調査の復命　嫡男弥太郎誕生　服部家第1回仕法結了 『大日本沿海輿地全図』（伊能忠敬）完成
文政5	1822	36	小田原藩に登用　桜町領復興を命じられる（名主役格）
文政6	1823	37	5月一家をあげて桜町に移転　仕法の事業開始
文政7	1824	38	長女ふみ誕生
文政8	1825	39	関東地方凶作 異国船打払令
文政9	1826	40	組徒格・桜町主席となる
文政10	1827	41	領民の不平分子が騒ぐ　豊田正作赴任

文政11	1828	42	トラブル頻発　辞職願を出すが不許可　小谷三志と交流
文政12	1829	43	成田山に断食祈誓　以後、仕法は円満に進行する
天保元	1830	44	「一円にみのり正しき月夜かな」の句を作る
天保2	1831	45	宇津家第1期仕法結了　忠真公から「以徳報徳」の賞詞
天保3	1832	46	哲理の究明が進み、著作多くなる
天保4	1833	47	青木村桜川の堰工事、この年凶作を予知して対策を実施
天保5	1834	48	徒士格に進む　『三才報徳金毛録』等著作　「報徳訓」をつくる
天保6	1835	49	谷田部の財政再建　農村復興事業に着手
天保7	1836	50	諸国大凶作（天保の大飢饉）　烏山藩の救急仕法
天保8	1837	51	小田原藩の飢民救済　忠真公死去　桜町仕法結了引継
			大塩平八郎の乱
天保9	1838	52	小田原・下館の仕法開始
天保10	1839	53	富田高慶入門　小田原藩仕法盛んに行なわれる
天保11	1840	54	藤曲村・御殿場村・片岡村・伊豆韮山多田家等の仕法実施
			アヘン戦争（～天保13年）
天保12	1841	55	谷田部・下館・小田原の各藩や諸家の指導に忙殺される
天保13	1842	56	幕府登用（御普請役格）　利根川分水路工事検分
			水野忠邦、倹約令を発す（天保の改革）
天保14	1843	57	下館信友講・小田原報徳社が創立
弘化元	1844	58	日光仕法雛形作成の受命　相馬藩の分度確立
弘化2	1845	59	斎藤高行・福住正兄が入門　相馬藩の復興事業が開始

弘化3	1846	60	日光仕法雛形完成　小田原藩の仕法廃止
弘化4	1847	61	遠州下石田報徳社創立　山内代官配下となり神宮寺に仮住い
嘉永元	1848	62	東郷陣屋に転居　遠州牛岡組報徳社創立
嘉永2	1849	63	棹ヶ島の仕法開始　相馬藩高瀬村復旧する
嘉永3	1850	64	花田村等14か村に仕法実施　福住正兄門を辞す
嘉永5	1852	66	許されて墓参、湯本に桜苗3000本植える　弥太郎・ふみが相次ぎ結婚
嘉永6	1853	67	日光仕法受命　発病　ふみ死亡 ペリー浦賀に来航
安政元	1854	68	函館奉行から開拓検分依頼　岡田良一郎入門 日米和親条約を締結（日英、日露和親条約も）
安政2	1855	69	今市仕法役所に移転　孫尊親誕生
安政3	1856	70	御普請役に進む　10月20日没す　富田高慶『報徳記』を著す

参考文献一覧（五十音順）

『安居院庄七』（若槻武行著、ＪＡはだの企画制作、東京六法出版）
『生き方』（稲盛和夫、サンマーク出版）
『江戸時代神奈川の１００人』（神奈川近世史研究会、有隣堂）
『江戸の家計簿』（新井恵美子、かなしん出版）
『小田原市史　通史編　近現代』（小田原市）
『思うまま』（松下幸之助、ＰＨＰ研究所）
『輝く朝日を愛でるまでに～二宮銈の生涯（上・下）』（安西悠子、下野新聞社）
『近代報徳思想と日本社会』（見城悌治　ぺりかん社）
『子供と声を出して読みたい『論語』百章（正・続）』（岩越豊雄、致知出版社）
『再建屋の元祖』（邱永漢、日本経済新聞社）
『佐久間貞一全集』（矢作勝美編著　大日本図書）
『佐々井信太郎略伝』（佐々井典比古、一円融合会）
『自助論』（スマイルズ著・竹内均訳、三笠書房）
『譲の道』（神谷慶治、ＡＢＣ出版）
『商売心得帖』（松下幸之助、ＰＨＰ研究所）
『人生談義』（松下幸之助、ＰＨＰ研究所）

『人生は「自分の力」で切り開け』(田中真澄、大和出版)
『すべての日本人に　二宮金次郎71の提言』(三戸岡道夫、栄光出版社)
『世界に誇る日本の道徳力』(石川佐智子、コスモトゥーワン)
『尊徳開顕』(二宮尊徳生誕二百年記念事業会報徳実行委員会編、有隣堂)
『尊徳の裾野』(佐々井典比古、有隣堂)
『尊徳の森』(佐々井典比古、有隣堂)
『尊徳を発掘する〜埋められたゼロからの社会構築論』(宇津木三郎、夢工房)
『代表的日本人』(内村鑑三著・鈴木範久訳、岩波文庫)
『地域おこしの手本〜至誠一貫の富田高慶　富田高慶百年祭記念誌』(相馬報徳会)
『中国グローバル化の深層』(デイビッド・シャンボー著・加藤祐子訳、朝日選書)
『中国の大問題』(丹羽宇一郎、PHP新書)
『「道徳」という土なくして「経済」の花は咲かず』(日下公人、祥伝社)
『二宮翁夜話』(村松敬司編、日本経営合理化協会出版局)
『二宮翁夜話(上・下)』(福住正兄原著・佐々井典比古訳注、報徳文庫)
『二宮翁夜話読本』(加藤仁平、報徳同志会)
『二宮金次郎と13人の世界人』(三戸岡道夫、栄光出版社)
『二宮金次郎に学ぶ成功哲学』(清水將大、コスミック出版)
『二宮金次郎の一生』(三戸岡道夫、栄光出版社)
『二宮先生語録(上・下)』(斎藤高行原著・佐々井典比古訳注、報徳文庫)
『二宮先生道歌選』(佐々井信太郎、報徳文庫)

『二宮尊徳』(小林惟司、ミネルヴァ書房)
『二宮尊徳』(大藤修、吉川弘文館)
『二宮尊徳』(境野勝悟、致知出版社)
『二宮尊徳』(奈良本辰也、岩波書店)
「二宮尊徳翁に就て」(荘田平五郎、『慶應義塾学報』一五八号)
『二宮尊徳翁の訓え』(福住正兄著・野沢希史訳、小学館)
『二宮尊徳関係資料図鑑』(神奈川県教育委員会、報徳文庫)
『二宮尊徳全集』(佐々井信太郎、龍渓書舎)
『二宮尊徳伝』(佐々井信太郎、経済往来社)
『二宮尊徳と現代日本人』(神谷慶治、信山社出版)
『二宮尊徳の遺訓』(松沢成文、鴻谷正博、ぎょうせい)
『二宮尊徳の実践哲学　結果が出るまでやり抜く人一歩手前で諦める人』(永川幸樹、青春出版社)
『二宮尊徳の生涯と業績』(大貫章、幻冬舎ルネッサンス)
『二宮尊徳の生涯と報徳の思想』(黒田博、報徳学園)
『二宮尊徳の相馬仕法』(岩崎敏夫、錦正社)
『二宮尊徳の破天荒力』(松沢成文、ぎょうせい)
『二宮尊徳の復権』(福島孝雄、新風舎)
『二宮尊徳の遺言』(長澤源夫　新人物往来社刊)
『日本史にみる経済改革』(童門冬二、角川書店)
『日本には尊徳がいた　二宮尊徳の教え』(木村壮次、近代文藝社)

『日本の名著26　二宮尊徳』（児玉幸多責任編集、中央公論社）
『破天荒力～箱根に命を吹き込んだ「奇妙人」たち』（松沢成文、講談社）
『人は徳のある人に従いてくる』（岬龍一郎、主婦の友社）
『福沢諭吉と三人の後進たち』（西川俊作、日本評論社）
『報徳記（上・下）』（富田高慶原著・佐々井典比古訳注、報徳文庫）
「報徳記を読む」（鈴木馬佐也、坪井忍編『明石講演集』〈報徳会〉所収）
『報徳に生きた人　二宮尊徳』（大貫章、ＡＢＣ出版）
『報徳の風が吹くとき』（大谷勇、報徳学園中学校高等学校報徳教育部）
「報徳の要旨《挨拶の辞》」（早川千吉郎、坪井忍編『明石講演集』〈報徳会〉所収）
『報徳百話』（堀内良、大日本報徳社）
『「学び」の復権』（辻本雅史、岩波書店）
『物語　北海道報徳の歴史』（尾崎照夫、北海道報徳社）
『やさしい報徳シリーズ１』（佐々井典比古、一円融合会）
「余は如何にして報徳宗の信者となりたるか」（早川千吉郎、『実業之日本』一九〇九年三月一日、一二巻五号）
『よみがえる二宮金次郎』（榛村純一、清文社）
『臨床教育と〈語り〉～二宮尊徳の実践から』（中桐万里子、京都大学学術出版会）
『隣人・中国人に言っておきたいこと』（笹川陽平、ＰＨＰ研究所）
（引用にあたっては、適宜、表記・表現を改めた）

PHP新書
PHP INTERFACE
https://www.php.co.jp/

松沢成文［まつざわ・しげふみ］

1958年、神奈川県川崎市生まれ。82年、慶應義塾大学法学部政治学科卒業後、松下政経塾に第3期生として入塾。84年、米国連邦下院議員スタッフを経て、87年、神奈川県議会議員に初当選。93年、衆議院議員に当選し3期務める。2003年、神奈川県知事に当選し2期8年を全うする。13年に参議院議員選挙に当選し、国政に復帰。24年現在3期目。

著書に、『生麦事件の暗号』（講談社）、『横浜を拓いた男たち』（有隣堂）、『北条五代、奇跡の100年』（ワニブックスプラス新書）、『激闘！　関東三国志』（ワニ・プラス）など。

教養として知っておきたい二宮尊徳
日本的成功哲学の本質は何か
PHP新書1037

二〇一六年三月二十九日　第一版第一刷
二〇二五年七月三十一日　第一版第十刷

著者――松沢成文
発行者――永田貴之
発行所――株式会社PHP研究所
東京本部――〒135-8137 江東区豊洲5-6-52
ビジネス・教養出版部 ☎03-3520-9615（編集）
普及部 ☎03-3520-9630（販売）
京都本部――〒601-8411 京都市南区西九条北ノ内町11
組版――有限会社メディアネット
装幀者――芦澤泰偉＋児崎雅淑
印刷所
製本所――大日本印刷株式会社

ISBN978-4-569-83020-9

ＰＨＰ新書刊行にあたって

「繁栄を通じて平和と幸福を」（PEACE and HAPPINESS through PROSPERITY）の願いのもと、ＰＨＰ研究所が創設されて今年で五十周年を迎えます。その歩みは、日本人が先の戦争を乗り越え、並々ならぬ努力を続けて、今日の繁栄を築き上げてきた軌跡に重なります。

しかし、平和で豊かな生活を手にした現在、多くの日本人は、自分が何のために生きているのか、どのように生きていきたいのかを、見失いつつあるように思われます。そして、その間にも、日本国内や世界のみならず地球規模での大きな変化が日々生起し、解決すべき問題となって私たちのもとに押し寄せてきます。

このような時代に人生の確かな価値を見出し、生きる喜びに満ちあふれた社会を実現するために、いま何が求められているのでしょうか。それは、先達が培ってきた知恵を紡ぎ直すこと、その上で自分たち一人一人がおかれた現実と進むべき未来について丹念に考えていくこと以外にはありません。

その営みは、単なる知識に終わらない深い思索へ、そしてよく生きるための哲学への旅でもあります。弊所が創設五十周年を迎えましたのを機に、ＰＨＰ新書を創刊し、この新たな旅を読者と共に歩んでいきたいと思っています。多くの読者の共感と支援を心よりお願いいたします。

一九九六年十月

ＰＨＰ研究所